Barbara Dickmann | Sybille Bassler (Hg.)

Und niemand weiß, warum

Barbara Dickmann | Sybille Bassler (Hg.)

Und niemand weiß, warum

Das rätselhafte Kindersterben

Ein ML Mona Lisa Buch

Nach einer Dokumentation von
Barbara Dickmann und Angelica Fell

mvg *Verlag*

Bibliografische Information der Deutschen Nationalbibliothek

Die Deutsche Nationalbibliothek verzeichnet diese Publikation in der Deutschen Nationalbibliografie.
Detaillierte bibliografische Daten sind im Internet über http://dnb.d-nb.de abrufbar.

© 2008 bei mvgVerlag, FinanzBuch Verlag GmbH, München.
www.mvg-verlag.de

Alle Rechte, insbesondere das Recht der Vervielfältigung und Verbreitung sowie der Übersetzung, vorbehalten. Kein Teil des Werkes darf in irgendeiner Form (durch Fotokopie, Mikrofilm oder ein anderes Verfahren) ohne schriftliche Genehmigung des Verlages reproduziert oder unter Verwendung elektronischer Systeme gespeichert, verarbeitet, vervielfältigt oder verbreitet werden.

Umschlaggestaltung: Atelier Seidel – Verlagsgrafik, Teising
Umschlagabbildung: Eigenarchiv Atelier Seidel, © Bart Broek
Satz: Manfred Zech, Landsberg am Lech
Druck: CPI – Ebner & Spiegel, Ulm
Printed in Germany
ISBN 978-3-636-06403-5

Inhalt

Vorwort 9

Kinder erkranken an Leukämie 11
Haben die Atomanlagen etwas mit den Leukämie-
erkrankungen zu tun? 13
Warum seit 1990? 18

Auf der Suche nach Erklärungen 21
Alarm in Krümmel 21
In direkter Nachbarschaft 22
Betroffene gehen an die Öffentlichkeit – Gründung der
   Bürgerinitiative Leukämie 26
Einsetzung von Expertenkommissionen der Länder 26
Was passierte am 12. September 1986 tatsächlich? 28

Spurensuche 33
Unter den Dächern 33
In den Bäumen 35
Chromosomenveränderungen 37

Geheimnisvolle Kügelchen 41
Betroffene beauftragen eine eigene Expertenkommission ... 41
Gab es möglicherweise einen Brand in der GKSS? 46
   Es brennt bei der Feuerwehr 50
   Bemerkenswerte Luftaufnahmen 52

Eine Untersuchung findet nicht statt	55
Verharmlosung: Kügelchen nur harmlose Flugasche	55
Ärzte erstatten Anzeige	57
Die Kügelchen werden nicht untersucht	*58*
Der Brand wird nicht untersucht	*59*
Der Eklat: Rücktritt der Leukämiekommission	**61**
12 Jahre im Widerstand gegen die Behörden	61
Wie erklären die Landesregierungen die Leukämiefälle?	63
Bremer Lymphomstudie	*64*
Die Akten werden geschlossen	**71**
Abschlussbericht der Mehrheit der Kommission	71
Der Bericht der Sprecher der niedersächsischen Kommission	74
2004: Die Akte werden geschlossen	76
Auf sich allein gestellt	**79**
Selbstfinanzierte Erdprobenentnahme durch die Bürgerinitiative und IPPNW	79
Plötzliche Absage	80
Eine merkwürdige Untersuchung in Frankfurt	*82*
Vergebliche Suche nach einem Institut	85
Ergebnisse der mineralogischen Analyse Weinheim	*88*
Beweis aus Minsk: Kügelchen sind radioaktiv	**91**
Radioaktives Material ist nicht natürlichen Ursprungs	91
Bestätigung der Radioaktivität durch deutsche Wissenschaftler	*93*
Kügelchen kein Fallout	94
Pressekonferenz der Bürgerinitiative mit den Minsker Ergebnissen 2006	96

Und keiner weiß, warum – die Folgen einer Dokumentation ... 99
Ein erster Schritt: Niedersächsischer Landtag, Ausschuss für Soziales, April 2006 ... 101
Ein zweiter Schritt: Anhörung im niedersächsischen Landtag, April 2007 ... 101

Eine Frage der Methode ... 107
Gibt es Kügelchen oder gibt es keine? ... 107
Was ist in den Kügelchen? ... 110
Wege des gesunden Menschenverstandes ... 111

Wachsendes Misstrauen gegen die Atomwirtschaft ... 115
Exkurs 1: Kinderkrebsstudie ... 115
Recht auf Aufklärung ... 119
Exkurs 2: Widerwillige Aufklärung bei Störfällen ... 120
126 meldepflichtige Zwischenfälle ... *121*

Wie geht es weiter? ... 123
Es geht um Politik ... 123
Könnte es auch so gewesen sein? ... *123*
Es geht ums Geld ... 126
Es geht um Öffentlichkeit ... 126
Ende offen ... 127

Anhang ... 131
Die Mona Lisa-Frauen ... 131
Wir danken ... 132
Preise ... 133
Quellenhinweise ... 134
Anmerkungen ... 135

Vorwort

Seit 1990 sind in der Elbmarsch 18 Kinder an Leukämie erkrankt. Vier von ihnen sind an dem Blutkrebs gestorben. Nirgendwo auf der Welt gibt es eine solche Häufung von Leukämieerkrankungen wie hier an der Elbe, in einem nur wenige Quadratkilometer großen Gebiet zwischen Niedersachsen und Schleswig-Holstein.

Jahrelang forschten Wissenschaftler im Auftrag der Landesregierungen Niedersachsen und Schleswig-Holstein nach den Gründen für die unheimliche Leukämie-Serie – bis heute ohne eindeutiges Ergebnis. Nach wie vor tobt ein erbitterter Streit um die Deutung und Interpretation der jahrzehntelangen Untersuchungen. 2004 legte die Mehrheit der Mitglieder einer vom Land Schleswig-Holstein eingerichteten Kommission ihre Arbeit nieder mit dem schwer wiegenden Vorwurf, sie seien bei der Aufklärung von behördlichen Stellen systematisch behindert worden.

Damals ist die öffentliche Aufmerksamkeit für eine kurze Zeit groß – ML Mona Lisa beginnt selbst zu recherchieren. Am 2. April 2006 strahlt das ZDF die Dokumentation „Und keiner weiß, warum" von Barbara Dickmann und Angelica Fell zum ersten Mal aus. Dieses Buch basiert auf den Recherchen für diesen Film und nachfolgenden Berichten, die bis heute nicht aufhören zu fragen, was geschehen ist.

Seit fast vier Jahren begleitet ML Mona Lisa den Kampf der Menschen in der Elbmarsch, die nach wie vor auf Aufklärung warten und endlich wissen wollen, weshalb ihre Kinder an Leukämie erkranken.

Kinder erkranken an Leukämie

Ein Rosenherz – das ist der letzte Gruß für den vierjährigen Rico aus dem niedersächsischen Drage in der Elbmarsch. Sein Kuschelhase liegt zwischen den Kränzen, die Eltern und die Geschwister trauern um ihn. Er war das jüngste Kind der Familie. „Unserm Zwerglein" steht auf der Schleife eines Kranzes.

Die meiste Zeit seines kurzen Lebens war Rico krank. Mit Chemotherapie, Bestrahlungen und einer Knochenmarkstransplantation kämpften die Ärzte um sein Leben. Vergeblich. Im Januar 2006 starb Rico. Die Todesursache: Blutkrebs – Leukämie.

Rico ist nicht das einzige Opfer dieser bösartigen Krankheit. Nur wenige Kilometer entfernt auf einem anderen Friedhof der Gemeinde Elbmarsch ist die neunjährige Angela beerdigt. Idyllisch wirkt der gedrungene Kirchturm inmitten des Friedhofs in der dörflichen Anlage. Auch der 11-jährige Sebastian liegt hier begraben und Sönke, 21 Jahre alt. Er starb 2002. Auf seinem Grab stehen kleine Tonengel. Die schlichte Aufschrift „1982-2002" wirkt stärker als jede Klage.

Sie alle sind an Leukämie gestorben, vier Tote. Nirgendwo auf der Welt gibt es auf engstem Raum so viele Leukämiefälle wie in der Elbmarsch. Insgesamt erkrankten bis Oktober 2006 17 Kinder an Blutkrebs.

Der kleine Bo[1] ist zwei, als die Leukämie ausbricht. Er bekommt Chemotherapie, leidet an einer Gesichtslähmung. Er kann nicht essen und nicht gehen – ein Alptraum für die Familie.

Björn Delfs, Bos Vater:

> *„Man hat nur im Kopf: Leukämie – unweigerlich Tod. Und somit sieht man sein eigenes Kind vor den eigenen Augen sterben ..."*

Erschüttert berichtet **Adele Delfs**, die Mutter des kleinen Jungen von anderen erkrankten Kindern.

> *„In unserer Nachbarschaft ist auch ein Mädchen, das ist 12 Jahre alt. Das hat jetzt auch Leukämie. Das Mädchen liegt bei uns auf der gleichen Station. Letztes Jahr gab es ein Mädchen von fünf oder sechs. Das hatte Unterleibskrebs. Ich weiß nicht – das sind zu viele Fälle auf einmal ..."*

Dr. Hajo Dieckmann, Leiter des Gesundheitsamts Lüneburg:

> *„Innerhalb von nur fünf Jahren haben wir allein in der kleinen Gemeinde Tespe sechs Leukämieerkrankungen bei Kindern gehabt. In dieser kleinen Gemeinde hätte sich statistisch nur alle 60 Jahre etwa ein einziger Erkrankungsfall ergeben dürfen."*

Warum gibt es gerade hier an der Unterelbe diese ungeheure Häufung von Leukämieerkrankungen? Und warum findet dieser abrupte Anstieg der Leukämiefälle bei Kindern so ganz plötzlich statt in den Jahren 1990/91?

Die Gegend ist dünn besiedelt. Idyllisch wirkt die großzügige Landschaft an der Elbe. Am Elbstrand kann man stundenlang spazieren gehen. Enten und wilde Vögel haben hier ihr Revier. Die Menschen, die hier leben, können die Ruhe genießen. Sie haben die Möglichkeit, draußen zu leben. Sie brauchen keine langen Anfahrtswege, um in der Natur zu sein. Sie müssen nur aus ihrer Haustür treten. Viele Menschen wohnen schon seit Generationen hier, sind hier aufgewachsen und mit ihrer Heimat verbunden.

Andere Familien sind in diese Gegend gezogen, damit ihre Kinder unter guten Bedingungen groß werden. Sie leben mit Absicht nicht mehr in der Stadt. Sie wollen, dass ihre Kinder gesund aufwachsen, ohne die Umweltbelastungen der Stadt, ohne den Lärm und die Hektik des städtischen Verkehrs. Sie lieben ihre Dörfer und haben sich hier eingerichtet. Sie haben sich ihre Häuser gebaut, weil sie hier leben wollen und weil sie dachten, dass sie hier besser leben können.

Haben die Atomanlagen etwas mit den Leukämieerkrankungen zu tun?

Täuscht diese Idylle an der Unterelbe?

In der Gemeinde Geesthacht rund 30 Kilometer vor den Toren Hamburgs liegen zwei große Atomanlagen. Das Kernkraftwerk Krümmel ist von weit her sichtbar. Es dominiert mit seinen Türmen die Landschaft. Das Kernkraftwerk ist der sichtbare Gegenpol der ländlichen Siedlungen und Dörfer. Die andere Anlage ist die GKSS, eine Kernforschungsanlage. Sie liegt nur 1,5 km vom KKW entfernt, etwas verborgen und nicht einsehbar in einem kleinen Wäldchen. In dieser Forschungsanlage wird seit Jahrzehnten mit radioaktivem Material gearbeitet.

Auch der Drager Ortsteil Schwinde, der Heimatort des kleinen Rico, liegt in der unmittelbaren Umgebung der zwei kerntechnischen Anlagen bei Geesthacht an der Elbe.

Abbildung 1: Das Kernkraftwerk Krümmel

Das GKSS-Forschungszentrum Geesthacht ist Mitglied der Helmholtz-Gemeinschaft Deutscher Forschungszentren, der größten deutschen Wissenschaftsorganisation. Die GKSS-Mitarbeiter arbeiten in drei Instituten: Küstenforschung – Polymerforschung – Werkstoffforschung.

> **Aus der Selbstdarstellung der GKSS**
>
> „Die **GKSS-Forschungszentrum Geesthacht GmbH** wurde 1956 als *Gesellschaft für Kernenergieverwertung in Schiffbau und Schiffahrt mbH* im Geesthachter Ortsteil Krümmel gegründet. Hauptprojekt in den 1960er Jahren war der Atomfrachter *NS Otto Hahn*, welcher 1964 vom Stapel lief und bis zum Jahr seiner Stilllegung 1979 Forschungszwecken diente. Seit dem Verzicht auf Anschlussprojekte spielt der Schiffbau keine Rolle mehr in der Arbeit des GKSS-Forschungszentrums, und die Abkürzung wird heute nicht mehr aufgelöst.

Seit 1958 betreibt die GKSS den Forschungsreaktor FRG-1 mit einer Leistung von 5 MW. Dieser ermöglichte bis 1987 Untersuchungen zum Thema Reaktorsicherheit. Die im Reaktor entstehenden Neutronen werden heute zu werkstoffphysikalischen und materialwissenschaftlichen Untersuchungen genutzt."[2] ... „In Geesthacht werden Leichtbauwerkstoffe auf der Basis von Magnesium- und Titanaluminid-Legierungen sowie neuartige Fügetechnologien sowie Verbund- und Hybridstrukturen entwickelt. Mit dieser Forschung werden Autos und Flugzeuge leichter und helfen so Energie zu sparen und Ressourcen zu schonen. Für die richtungweisende Wasserstofftechnologie und Brennstoffzellen-Technik entwickeln die Forscher innovative Metalllegierungen. Mit einzigartigen Prüfverfahren mittels Neutronen und Synchrotronstrahlen erfolgt die zerstörungsfreie Werkstoffcharakterisierung."[3]

An der Geesthachter Neutronenforschungseinrichtung (GenF) werden „an verschiedenen Neutronenstreu-Instrumenten Nano- und Mikrostrukturen in Werkstoffen oder Biomaterialien analysiert. Forschungsbereich Struktur der Materie (Großgeräte für die Forschung mit Photonen, Neutronen und Ionen, PNI)."[4]

Das GKSS-Forschungszentrum ist eine gemeinnützige Forschungseinrichtung in der Rechtsform einer GmbH. Ihre Gesellschafter sind die Bundesrepublik Deutschland, die Länder Brandenburg, Freie und Hansestadt Hamburg, Niedersachsen und Schleswig-Holstein, die Gesellschaft zur Förderung des GKSS-Forschungszentrums e. V. sowie namhafte Wirtschaftsunternehmen. Sitz der Gesellschaft ist Geesthacht. Zur GKSS gehört als auswärtiger Betriebsteil seit 1992 der Standort Teltow bei Berlin.[5] In den beiden Standorten des Forschungszentrums Geesthacht bei Hamburg und Teltow bei Berlin sind heute weit über 800 Mitarbeiterinnen und Mitarbeiter beschäftigt. Das Forschungszentrum betreibt auch eine Landessammelstelle für radioaktive Abfälle für mehrere beteiligte Bundesländer.[6]

Abbildung 2: Das Kernforschungszentrum GKSS, Geesthacht

Das KKW Krümmel und die GKSS liegen beide auf der schleswig-holsteinischen Seite der Elbe. Am anderen Elbufer liegt das Bundesland Niedersachsen. Dort in der Elbmarsch Niedersachsens am südlichen Ufer der Elbe treten 1990 die ersten Leukämiefälle auf. Später kommt es auch in Schleswig-Holstein auf der anderen Seite der Elbe zu Erkrankungen. Alle Erkrankungen liegen innerhalb eines Radius von 5-10 km zu den beiden Atomanlagen.

Noch im Jahr 2006 erkranken zwei weitere Kinder an Leukämie. In der Samtgemeinde Bardowick und der Samtgemeinde Scharnebeck werden die Fälle gemeldet. Auch in Winsen, das etwas außerhalb des 10-km-Radius liegt, erkranken zwei 15-jährige Jugendliche an Leukämie. Bereits zwei Jahre zuvor hatte es in Winsen eine Leukämieerkrankung eines 15-Jährigen gegeben. Sie alle hatten dort denselben Kindergarten besucht.[7]

Im Herbst 2006 ist durch die Dokumentation von Mona Lisa in ganz Deutschland bekannt geworden, dass im Norden Deutschlands in der Elbmarsch die Kinder häufiger an Leukämie erkranken als anderswo. Als im Oktober der neue Fall bekannt wird, titelt die Bildzeitung: „Jetzt hat's Anna erwischt". Das 12-jährige Mädchen aus Geesthacht an der Elbe ist das 17. Kind, das seit 1990 im Umkreis von 5 Kilometern um die Kernforschungsanlage GKSS und das benachbarte Kernkraftwerk Krümmel an Leukämie erkrankt ist.[8]

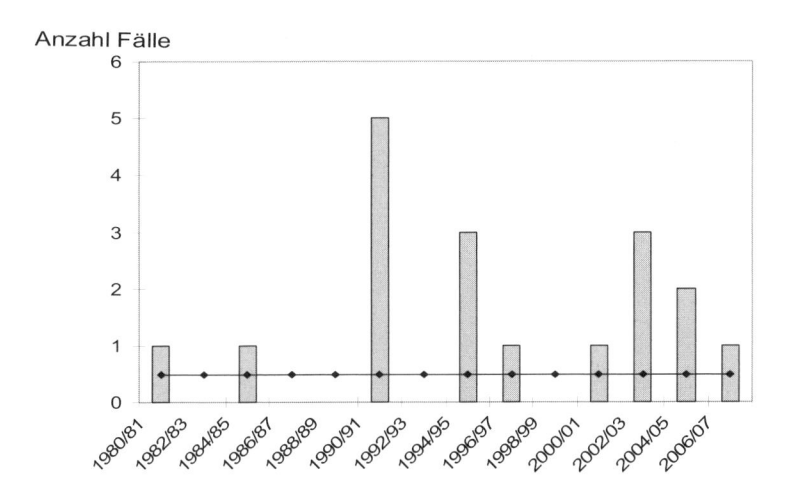

Abbildung 3: Zeitliche Entwicklung der kindlichen Leukämiefälle im 5-km-Umkreis (Erkrankungen im Zweijahreszeitraum). Die durchgezogene Linie zeigt den Normalwert nach dem Deutschen Kinderkrebsregister Mainz. Die Werte sind in der Umgebung von Kernkraftwerken ohnehin erhöht und liegen über dem Bundesdurchschnitt[9]

Warum seit 1990?

Die Fälle in der Elbmarsch treten gehäuft 1990 und 1991 auf. Warum lässt sich so ein scharfer Zeitpunkt feststellen? Was war der Auslöser? Denn bei solch signifikant ansteigenden Werten vermuten – nicht nur Wissenschaftler – einen ursächlichen Auslöser. Mediziner und Strahlen-Physiker wissen: Durch ionisierende Strahlen kann Leukämie ausgelöst werden. Zudem macht der Zeitraum von „drei oder vier Jahren" die besorgten Menschen misstrauisch. Denn ist ein Kind radioaktiver Strahlung ausgesetzt, so bricht die akute Krankheit Leukämie nach drei bis vier Jahren Inkubationszeit aus. Das wissen die Wissenschaftler und Ärzte aus Untersuchungen in Japan. Nach dem Abwurf der Atombomben auf Hiroshima und Nagasaki erkrankten die überlebenden, bestrahlten Kinder ab diesem Zeitraum an Leukämie.

Dass radioaktive, also ionisierende Strahlung Leukämie auslösen kann, sei, so der Epidemiologe Prof. Hoffmann, wissenschaftlich erwiesen, auch wenn stets mehrere Faktoren eine Rolle spielen.

Prof. Wolfgang Hoffmann, Epidemiologe:

„Dass eine Krankheit in der Regel nicht monokausal ist, ist eine altbekannte Tatsache und überhaupt nichts Neues und das gilt für die Krebserkrankung natürlich auch. Was wir als Epidemiologen untersuchen ist, was das entscheidende auslösende Moment gewesen ist, und das ist eben in diesem Fall über den wir gerade gesprochen haben, ionisierende Strahlung gewesen."[10]

Den betroffenen Menschen drängt sich die Fragestellung geradezu auf: Gab es für die Krankheit ihrer Kinder ein ursächliches

Ereignis, das etwa drei bis 5 Jahre zurückliegt und mit erhöhter Strahlung in Verbindung zu bringen ist?

Folgerichtig stellen die betroffenen Familien und die Menschen, die in der unmittelbaren Umgebung der beiden Anlagen wohnen, eine weitere Frage: Gab es solch ein auslösendes Moment? Geschah vor fünf Jahren möglicherweise ein Atomunfall?

Uwe Harden, einer der Bürgermeister in der Elbmarsch und lange Zeit SPD-Landtagsabgeordneter in Niedersachsen, ist davon überzeugt, dass es einen Zusammenhang zwischen diesen Leukämiefällen und den Atomanlagen gibt:

Uwe Harden, Ex-MdL, SPD Niedersachsen, und Bürgermeister von Drage:

> *„Da hat es irgendeine Ursache gegeben. Das kann keine Häufung von Zufällen sein, sondern es gibt ein ursächliches Ereignis. Über dieses ursächliche Ereignis müssen Verantwortliche Bescheid wissen, aber die sagen nichts."*

ML Mona Lisa will wissen:

- Gab es also in einer dieser Atomanlagen einen Vorfall, der für die Erkrankungen verantwortlich sein könnte? Ein Ereignis, das vor 1990 stattfand und das einen Anstieg der Leukämiefälle erklären könnte?
- Gab es ein Ereignis, das so gravierend war, dass es bis heute Nachwirkungen zeigt?
- Wenn ja, was geschah?

Wir blicken zurück. Und schnell finden wir ein zurückliegendes und in der Öffentlichkeit fast vergessenes Ereignis. Der Vorfall machte kurzzeitig Schlagzeilen und liegt genau fünf Jahre zurück. Dieser Vorfall ging auch durch die Presse – 1986.

Auf der Suche nach Erklärungen

Alarm in Krümmel

Es ist Freitag, der 12. September 1986. Alarm im Kernkraftwerk Krümmel an der Unterelbe. Alle Messgeräte zeigen eine erhöhte Radioaktivität an. Männer vom Katastrophenschutz sind im Einsatz. In weißen Schutzmänteln und mit Masken suchen sie mit Geigerzählern das Gelände um das Kraftwerk ab. Irgendetwas ist geschehen. Die Menschen der Umgebung werden aufmerksam. Auch die Presse fotografiert die KKW-Männer bei ihrer Suche, die offiziell als Übung deklariert wird.

Joachim Kedziora, Mitarbeiter des Kernkraftwerkes Krümmel erinnert sich:

> *„Als ich morgens um sechs auf die Warte kam, liefen die Messgeräte, die Edelgase anzeigen und Strahlung anzeigen, im gesamten überwachten Bereich nach oben."*

Anzeichen für ein Leck? Keiner kann erklären, woher die Radioaktivität im Kernkraftwerk stammt.

Joachim Kedziora, KKW Krümmel:

> *„Ich bin dann zum Schichtleiter gegangen und habe gesagt: Das ist nicht plausibel. Wir können nicht in allen Gebäuden*

gleichzeitig und auch in Gebäuden, wo es normalerweise gar keine Radioaktivität gibt, die dennoch überwacht sind, einen Anstieg der Radioaktivität haben."

Schnell steht für das Kernkraftwerk fest, dass die Radioaktivität nicht aus dem Inneren des Kernkraftwerkes kommt. Denn die Messungen im Inneren liegen bei 10 Bq, außen aber liegen sie bei 500 Bq. Sie kann nur über die Außenluft durch einen Lüftungsschacht in das Kernkraftwerk gelangt sein. Wenn die Strahlung aber nicht aus dem Kernkraftwerk Krümmel kommt, woher dann?

Auf der Suche nach Erklärungen gehen wir einfach nur ein Haus weiter. Denn gleich nebenan liegt die GKSS-Forschungsanlage Geesthacht. Im Gegensatz zum Atomkraftwerk Krümmel kann man die Anlage samt Forschungsreaktoren nicht von Weitem sehen. Sie liegt gut geschützt im Wald und ist lediglich über eine Privatstraße erreichbar.

Geschah möglicherweise etwas in der Forschungsanlage? Gab es hier einen Zwischenfall? Das bleibt zunächst völlig unklar. Wie vieles andere auch.

Klar sind auf jeden Fall zwei Dinge

Erstens: An jenem 12. September 1986 tritt in der Nähe der zwei Atomanlagen erhöhte Radioaktivität auf.

Zweitens: Nur vier Jahre später gibt es genau hier die ersten Leukämiefälle bei Kindern.

In direkter Nachbarschaft

Die Familie Jürgens wohnt in Tespe. Das Haus steht gleich hinter dem Deich. Wenn die Familie am Frühstückstisch sitzt, sieht sie am anderen Elbufer die beiden Atomanlagen.

Das Unheil kam von dort, glauben die Jürgens.

Ihre Tochter Nicole erkrankt 1991 an Leukämie. Birte Jürgens hat alles gesammelt und aufbewahrt, was mit den Leukämiefällen an der Elbe zu tun hat. Fotos, Zeitungsberichte, Todesanzeigen von Nachbarskindern, gestorben an Leukämie.

Erst jetzt, während ihre Mutter in der persönlichen Dokumentation blättert, begreift die heute 18-jährige Nicole Jürgens, wie knapp sie damals dem Tod entging. Sie sieht die Todesanzeige von Angela, einem Mädchen aus der Nachbarschaft, etwas älter als Nicole. Sie war das erste Mädchen, das an aplastischer Anämie starb.

Nicoles Mutter erzählt von der Zeit, als Nicole erkrankte. Ihre Tochter ist häufig auffallend müde und matt. Dann macht die Mutter eines Tages eine beunruhigende Entdeckung.

Birte Jürgens, Nicoles Mutter:

„Beim Baden haben wir festgestellt, dass Nicole auf dem ganzen Körper kleine blaue Flecken hat, nicht so, als wenn man sich stößt und man dann einen richtigen blauen Fleck hat, sondern alles ganz kleine blaue Flecken. Dann sind wir am nächsten Tag zu Doktor Forkel gegangen und der hat sofort gewusst, was los ist. Der hatte ja auch schon mehrere Kinder in Behandlung gehabt."

Die Praxis von Kinderarzt Forkel liegt im Nachbarort. Als Allgemeinmediziner versieht Dr. Forkel auch die Aufgaben als Frauen- und Kinderarzt in der kleinen Samtgemeinde Elbmarsch. Als er die blauen Flecken sieht, ordnet er sofort eine Blutuntersuchung an und bittet Frau Jürgens, sich doch am nächsten Tag wieder zu melden. Sein Verdacht bestätigt sich – erneut. Der Laborbefund lautet eindeutig auf Leukämie. Dr. Forkel weiß im Grunde nach dem ersten Blick, den er auf die kleine Nicole wirft, was das ist. Denn diese blauen Flecken kennt er von anderen Kindern, die im letzen Vierteljahr in seiner Praxis waren. In den 10 Jahren seiner Praxistätigkeit zuvor war ihm dagegen erst eine einzige kindliche Leukämie begegnet. Dr. Forkel ist schockiert über diese plötzliche Häufung.

Abbildung 4: Leukämiefälle 1990-1991

Als mit der kleinen Nicole Jürgens 1991 bereits das fünfte Kind an Leukämie erkrankt, schlägt der Kinderarzt Alarm. Da ihm die ärztliche Schweigepflicht verbietet, mit seinem Wissen an die Öffentlichkeit zu treten, wendet er sich schriftlich an die Behörden.

Dr. Eberhard Forkel, Kinderarzt:

"Wir haben versucht, die Behörden aufmerksam zu machen und einzuschalten ... wie Sozialbehörden, Umweltministe-

rien in Schleswig-Holstein, in Niedersachsen. Aber es kam zuerst keine Reaktion. Ich habe alle Briefe per Einschreiben geschickt und ich habe nie Antworten gekriegt ... zumindest am Anfang."

Zwischen 1990 und 1991 erkranken sechs Menschen an Leukämie, fünf Kinder und ein junger Mann.

Gleichzeitig versucht der engagierte Arzt Dr. Forkel selbst die seiner Meinung nach auffällige Serie von Erkrankungen aufzuklären. Er betraut Anfang 1991 den Kasseler Kinderarzt Dr. Matthias Demuth mit der Aufgabe, wissenschaftlich exakt darzustellen, ob es ein „Leukämie-Cluster Elbmarsch" gibt und wie es zu bewerten sei. Dr. Demuth hatte die gleiche Untersuchung schon einmal in der Umgebung des KKWs Würgassen durchgeführt. Seine Studie mit dem Titel „Leukämiemorbidität bei Kindern in der direkten Umgebung des Kernkraftwerkes Krümmel" liegt im Juni 1991 vor und beurteilt zusammenfassend das Cluster so:

„In der direkten Umgebung des Kernkraftwerkes Krümmel traten von Beginn des Jahres 1990 bis zum Mai 1991 fünf Leukämiefälle bei Kindern auf. Dies ist in Anbetracht der Seltenheit kindlicher Leukämieerkrankungen eine äußerst ungewöhnliche Abweichung. Eine derartige Anzahl von Leukämiefällen in einem so engen zeitlichen Rahmen ist in einem so kleinen Gebiet in der Bundesrepublik bisher noch nicht beobachtet worden."[11]

Cluster bedeutet „Klumpen, Traube". Cluster benutzt man dann, wenn ein bestimmtes Merkmal im Vergleich zu einer anderen Untersuchungsgruppe gehäuft auftritt. Ein Cluster kennzeichnet dann eine statistische Personengruppe, deren Mitglieder bestimmte gemeinsame Merkmale tragen, die sich von allen anderen Teilgruppen einer Grundgesamtheit unterscheiden. Und genau das trifft zu: Zu viele Kinder tragen das Merkmal „Leukämie". Es gibt ein „Leukämie-Cluster Elbmarsch".

Betroffene gehen an die Öffentlichkeit – Gründung der Bürgerinitiative Leukämie

Dr. Forkel, der Journalist und spätere Landtagsabgeordnete Uwe Harden und Eltern wie die Jürgens gründen 1991 die Bürgerinitiative „Leukämie". Bei der Gründungsveranstaltung sind über 150 Menschen anwesend. Ihre Besorgnis ist groß.

Mit der Gründung der Bürgerinitiative wird der öffentliche Druck auf die Behörden größer. Und offenbar erst auf diesen Druck reagieren die Behörden. Nun versprechen die Politiker Aufklärung.

Dr. Walter Hiller, ehemaliger Sozialminister Niedersachsen, beteuerte am 30. September 1991 auf einer Veranstaltung der Bürgerinitiative:[12]

> „Es muss alles daran gesetzt werden, um festzustellen, welches die Ursachen sind."

Einsetzung von Expertenkommissionen der Länder

Diese Ursachen sollen jetzt im Auftrag der Länderregierungen Schleswig-Holsteins und Niedersachsens die Wissenschaftler erforschen. Denn mittlerweile ist das Leukämie-Cluster Elbmarsch nicht mehr zu negieren.

1992 setzt zuerst Schleswig-Holstein und später dann Niedersachsen eine Untersuchungskommission ein. International anerkannte Wissenschaftler werden beauftragt: Toxikologen, Physiker, Mediziner- und Strahlenbiologen. Sie erhalten Reise- und Übernachtungsspesen. Die Untersuchungen, die an den Instituten, denen sie angehören, durchgeführt werden, werden von den beauftragenden Ländern bezahlt. Ansonsten arbeiten die Kommissionsmitglieder ehrenamtlich.

Zwölf Jahre lang forschen sie nach der Herkunft der hohen Radioaktivität am 12. September 1986. Zwölf Jahre lang versuchen sie zu erklären, warum in der Elbmarsch so viele Kinder an Leukämie erkranken. Zu einem eindeutigen Ergebnis werden sie nicht kommen (siehe S. 61 ff.).

Prof. Edmund Lengfelder, Strahlenbiologe, Universität München, und Mitglied der Untersuchungskommission Schleswig-Holstein, sagt 2004:

„Die Kommission hat zwölf Jahre lang nach Ursachen gesucht und alle erdenklichen Ursachen ausschließen können, chemische Ursachen, Pestizide, Düngemittel. Übrig geblieben ist die Vermutung, es ist von Strahlung ausgelöst."

> Professor Lengfelder und viele seiner Kollegen aus der Untersuchungskommission glauben, dass bei einem geheim gehaltenen Störfall Radioaktivität freigesetzt wurde. Das habe die Leukämiefälle an der Elbe verursacht

War es das Ereignis, das am 12. September 1986 für die außergewöhnlich hohe Radioaktivität im Kernkraftwerk verantwortlich war? Dieses Ereignis im Kernkraftwerk Krümmel von 1986 rückt wieder in den Mittelpunkt des Interesses.

Was passierte am 12. September 1986 tatsächlich?

Der damalige Leiter des Kernkraftwerks Werner Hartel beschwichtigte damals die beunruhigte Bevölkerung: „Kein Grund zur Unruhe." Am Dienstag, den 16. September 1986 hatte er auf Anfrage in der Landeszeitung Lüneburg zum Vorfall am 12. September Stellung genommen:
Seine Version:

An diesem Tag, dem 12. September 1986 sei nur das natürlich vorkommende radioaktive Gas Radon aus dem Erdboden ausgetreten und das sei von einem Belüftungsschacht ins Innere des Kraftwerkes gesaugt worden. Das habe den Alarm ausgelöst.
Zusätzlich habe eine tagelange Inversionswetterlage den normalen Luftaustausch blockiert, sodass sich das radioaktive Radongas ausdehnen konnte. So lautet die offizielle Erklärung – bis heute.

Was ist Radon?

Das Internetportal www.kernenergie.de erklärt:

„Aufgrund der sehr großen Halbwertszeiten enthält die Erdkruste seit ihrer Entstehung u.a. die Radionuklide Uran-238, Uran-235 und Thorium-232. ...
Überall dort, wo Uran und Thorium im Erdboden vorhanden sind, wird Radon freigesetzt und gelangt in die Atmosphäre oder in Häuser.

> Von entscheidender Bedeutung für die Radonkonzentration in der Luft ist die Radiumkonzentration des Bodens und dessen Durchlässigkeit für dieses radioaktive Edelgas. Die Radonkonzentration in der bodennahen Atmosphäre ist neben den regionalen auch jahreszeitlichen und klimatisch bedingten Schwankungen unterworfen.
> In Gebäuden hängt die Radonkonzentration wesentlich von den baulichen Gegebenheiten ab. In Deutschland betragen die Jahresmittelwerte der Radonkonzentrationen in der bodennahen Luft etwa 15 Bq/m^3 und in Gebäuden rund 60 Bq/m^3. Radonkonzentrationen in Erdgeschosswohnräumen auch oberhalb von 200 Bq/m3 sind nicht ungewöhnlich. Für die Strahlenexposition des Menschen ist nicht so sehr das Radon selbst von Bedeutung, vielmehr sind es die kurzlebigen Zerfallsprodukte. Diese gelangen mit der Atemluft in den Atemtrakt, wo ihre energiereiche Alphastrahlung strahlenempfindliche Zellen erreichen kann. Die kurzlebigen Zerfallsprodukte des Radons verursachen mit 1,1 Millisievert pro Jahr mehr als die Hälfte der gesamten effektiven Dosis durch natürliche Strahlenquellen."[13]

Wir wollen die Aussage des damaligen Leiters von Krümmel, die Inversionswetterlage habe den Luftaustausch im KKW Krümmel verhindert und so für die hohen Werte an Radioaktivität gesorgt, überprüfen. Doch diese Angaben über die Wetterlage sind frei erfunden.

Eine Nachfrage des ZDF beim **Deutschen Wetterdienst** ergibt:

> *„Eine durchgängige Inversionswetterlage, die einen vertikalen Luftaustausch hätte verhindern können, bestand an diesen Tagen nicht."*

Das „bodennahe" Radongas soll nach Ansicht der KKW-Leitung in starker Konzentration in das Innere des Kernkraftwerks gelangt sein. Im Kernkraftwerk Krümmel liegt die Ansaugstelle für Frischluft in etwa 40 Meter Höhe.

Gibt es Radon überhaupt in dieser Höhe? Das Bundesamt für Strahlenschutz hält das für nicht wahrscheinlich. Es hält eine Radonkonzentration, die mehr als 40 Meter hochsteigt, für nicht stichhaltig.

Prof. Gerald Kirchner, Bundesamt für Strahlenschutz, Berlin:

„Dass die Radonkonzentration in der Außenluft in bedenkliche Höhen kommt, ist nicht zu erwarten. Also da können wir auch eindeutig sagen: Dieses kann unserer Erfahrung nach in Deutschland nicht auftreten."

Das sagt also die Bundesbehörde. Die untergeordnete Aufsichtsbehörde bei der Landesregierung Schleswig-Holstein dagegen stützt die Version des Kernkraftwerks von 1986 und teilt dessen Darstellung. Die Aufsichtsbehörde hält weiterhin daran fest: Die Radioaktivität, die 1986 auftrat und den Alarm im KKW Krümmel auslöste, ist natürlichen Ursprungs. Diese Erklärung wirkt angesichts der Auskünfte des Wetterdienstes und des Bundesamtes für Strahlenschutz wie ein Ausweichmanöver und grenzt an Irreführung, denn dieser Vorgang ist physikalisch nicht möglich. Die Leitung des Kraftwerkes Krümmel wird ja durch die Aufsichtsbehörde unterstützt und sieht daher auch keinen weiteren Untersuchungsbedarf.

Dr. Bruno Thomauske, bis Juli 2007 Geschäftsführer des Kernkraftwerks Krümmel[14]:

„Unsere Messergebnisse sind von der Aufsichtsbehörde geprüft worden. Und die Aufsichtsbehörde hat unsere Position geteilt und insofern ist dieser Fall für uns an dieser Stelle dann auch abgeschlossen."

Die Messergebnisse des Kernkraftwerkes von 1986, von denen der Geschäftsführer hier spricht, könnten den Widerspruch zwischen den Aussagen von Bundes- und Landesbehörde dazu, ob es sich um natürliches Radon gehandelt hat, möglicherweise erklären. Doch für Mona Lisa und das ZDF bleiben diese Ergebnisse unter Verschluss.

Spurensuche

Es stehen sich also zwei Erklärungsversuche für die 1986 auftretende Radonerhöhung gegenüber: die natürliche und die Unfalltheorie.

Es gibt natürlich vorkommende Radioaktivität. Das sind verschiedene natürlich vorkommende Nuklide, die radioaktiv sind. „Man unterscheidet zwischen natürlichen Radionukliden, die durch Kernreaktionen der kosmischen Strahlung ständig neu gebildet werden, kosmogenen Radionukliden und primordialen (uranfänglichen) Radionukliden, die seit Entstehen der Erde vorhanden und aufgrund ihrer langen Halbwertszeit noch nicht zerfallen sind, sowie den aus den primordialen Radionukliden U-238, U-235 und Th-232 entstehenden Radionukliden der zugehörigen Zerfallsreihe."[15]

Hat also das Auftreten der unverhältnismäßig vielen Leukämiefälle eine ganz einfache, natürliche Erklärung? Kam das Radon durch die Luft? Warum aber kommt es allein im Umkreis des KKWs Krümmel durch die Luft? Warum häufen sich hier die Erkrankungen? Denn allein hier gibt es eine signifikant höhere Prozentzahl an Erkrankungen.

Unter den Dächern

Inge Schmitz-Feuerhake war Mitglied der schleswig-holsteinischen Untersuchungskommission Leukämie und versuchte von 1991 bis zur Auflösung der Kommission, den Ereignissen auf den Grund zu gehen. Über 17 Jahre forscht die Professorin für medizinische Physik nach den Ursachen für die Leukämieerkrankungen in der Elbmarsch.

Professorin Inge Schmitz-Feuerhake:

„Wir haben das gleich nicht glauben können, dass das ein Vorfall war, bei dem natürliche Radioaktivität eine Rolle spielen sollte. Und wir waren der Meinung, dass es eine große einmalige Freisetzung gegeben haben muss. Einfach wegen des biologischen Phänomens, dass die Leukämiefälle so schlagartig angestiegen waren."

Die Physikerin hat nach weiteren Spuren von Radioaktivität gesucht. Und sie in den Dörfern in unmittelbarer Umgebung der Atomanlagen festgestellt. Dort, wo Menschen nichtsahnend unter ihren alten reetgedeckten Dächern leben.

Inge Schmitz-Feuerhake ist heute emeritierte Professorin für medizinische Physik. Sie machte sich auf eine mühsame Suche und kletterte auf die Dachböden der alten Häuser. Dort sammelte sie Proben. Mona Lisa beschreibt sie die Arbeit der Untersuchungskommission:

„Wir haben dann also mit Staubsaugern diese alten Balken abgesaugt und den Staub in den Staubbeuteln untersucht und dabei haben wir dann Plutonium-Isotope gefunden und andere Transurane und konnten dann sicher sein, dass diese Art von Stoffen hier nichts mit dem normalen Untergrund zu tun haben, sondern dass es sich hier um kerntechnische Sonderstoffe gehandelt hat."

Transurane sind Stoffe, die durch Neutroneneinfang in Uran entstehen und schwerer als der Urankern werden. Aufgrund der geologisch gesehen kurzen Halbwertszeiten kommen Transurane in der Natur nicht oder nur in Spuren vor.

Auch die Stoffe Plutonium und Americum, die sich auf den Dachböden abgelagert haben, sind nicht natürlicher Herkunft. Beides sind künstliche Stoffe, die beim Betrieb von Kernreaktoren entstehen. Sie kommen ebenfalls so nicht in der Natur vor. Das heißt in anderen Worten, dass es sich nicht um natürlich in unserer Umwelt vorkommende Stoffe handelt, sondern um künstlich hergestellte radioaktive Grundstoffe.

Diese Funde werden später, als es um die Auseinandersetzung um die Bewertung geht, von den Behörden nicht bestritten. Sie werden aber als „Kernwaffen-Fallout" und als Folge des Tschernobyl-Unfalls interpretiert.[16]

Aber die Physikerin findet weitere Hinweise auf freigesetzte Radioaktivität, abgelagert in Bäumen.

In den Bäumen

Bäume sind stumme Zeugen für Ereignisse der Vergangenheit. Sie protokollieren in ihrem Holz das Geschehen von Jahrzehnten und Jahrhunderten. Um diese Geschichten von Wind und Wetter, von Trockenheit und Nässe, von Luft und Sonne freizulegen, werden von den Stümpfen der Bäume, die in den letzten Jahren gefällt wurden, erneut Scheiben geschnitten. Nun kann die frische Scheibe untersucht werden. Auf die Schnittstelle wird Fotopapier aufgelegt. Die Jahresringe werden nun durch das aufgelegte Fotopapier sichtbar. Vor dem Leuchtkasten wird deutlich: 1986 ist irgendetwas geschehen. Am Jahresring, der dem Jahr 1986 zugeordnet werden kann, ist eine deutliche Schwärzung, wie eine Kerbe, zu sehen. Der Beweis für eine einmalige Verstrahlung. Denn das Fotopapier ist durch Radioaktivität geschwärzt worden. In den Ringen der Folgejahre werden keine Auffälligkeiten sichtbar.

Bereits im Jahr 1992/93 hatten Untersuchungen nach dieser Methode gezeigt, dass in den Bäumen der Elbmarsch nachweisbare Schwärzungen in den Jahresringen 1986 auftreten. Diese Schwärzungen wurden nach Ansicht der Dokumentation „Die Elbmarschleukämien"[17] durch eine Betastrahlung erzeugt. Da die Belastung in den nachfolgenden Jahren abklingt, wie die Jahresringe des Baumes zeigen, schließen die Experten auf Spaltprodukte.

Auch dieses Phänomen wird später zum Streitpunkt zwischen verschiedenen Expertenpositionen: Die Schwärzungen werden von der Aufsichtsbehörde als „chemische Reaktionen" bezeichnet und nicht als Beweis für im Jahr 1986 freigesetzte Radioaktivität gewertet. Die erneute Prüfung derselben Baumscheibe führt jedoch mit Hilfe einer Betakamera zu dem gleichen Ergebnis: 1986 hat sich Radioaktivität in den Bäumen niedergeschlagen. Mit dieser Methode kann gezeigt werden, so die Experten, dass Strahlung freigesetzt war. Woher die Strahlung kam – welchen Ursprungs also die Isotope sind –, das kann dagegen mit der Methode nicht ermittelt werden.

Die Wissenschaftler sind überzeugt: Wenn Radioaktivität in der Umwelt so deutlich nachweisbar ist, dann müssen auch die Menschen betroffen sein. Wenn die Bäume den Beweis festgehalten haben, was ist dann mit den Häusern, in denen die Menschen leben, den Gärten, in denen sie sich erholen wollen oder ihr Gemüse pflanzen? Wie sieht es aus auf den Spielplätzen, auf denen die Kinder spielen? Lassen sich dann nicht auch in der unmittelbaren Lebensumwelt der Bewohner diese Spuren einer Schädigung nachweisen?

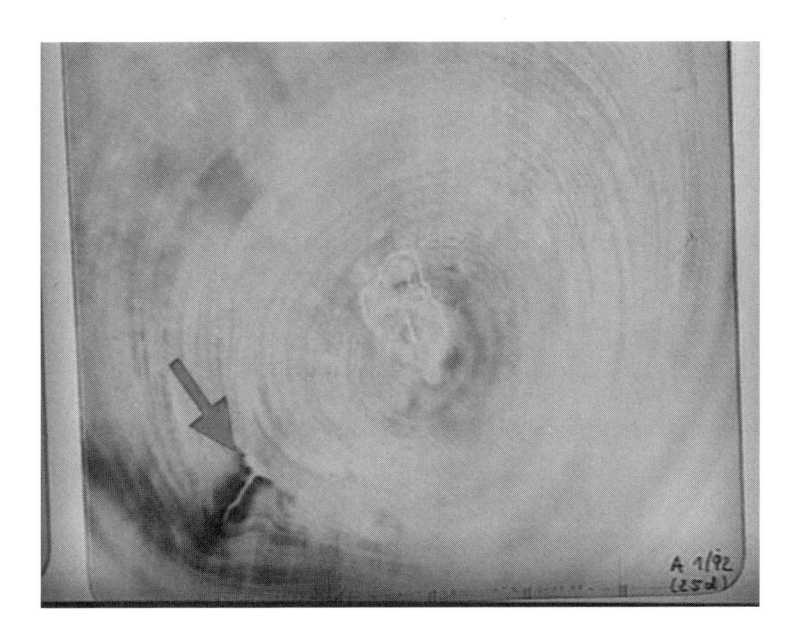

Abbildung 5: Die Jahresringe zeigen, dass der Baum 1986 verstrahlt wurde

Chromosomenveränderungen

Und in der Tat stellen Strahlenmediziner der Universität Bremen fest: Chromosomen von Familienangehörigen leukämieerkrankter Kinder aus der Elbmarsch sind verändert. Der Vater der an Leukämie erkrankten Nicole lässt den Chromosomentest an sich vornehmen. Das Ergebnis: Seine Chromosomen weisen signifikante Veränderungen auf.

Prof. Wolfgang Hoffmann, Epidemiologe, erläutert die sichtbaren Abweichungen in der Abbildung. Er zeigt die deutlich veränderten Chromosomen im Vergleich zu den „normalen Chromosomen".

„Der Unterschied ist, dass ein normales Chromosom immer nur eine von diesen Einschnürungen aufweist, während dieses Chromosom hier zwei Einschnürungen aufweist. Eine solche Zelle sehen Sie typischerweise nach der Einwirkung einer radioaktiven Belastung. So etwas kommt in gesunden Zellen praktisch nicht vor."

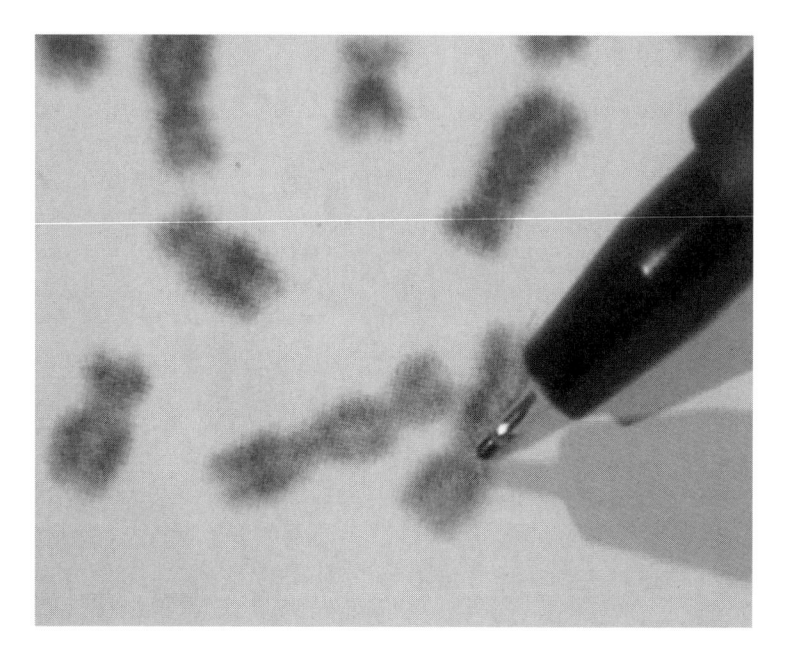

Abbildung 6: Die Chromosomen des Vaters eines erkrankten Kindes zeigen deutliche Veränderungen.

Diese sogenannten „dizentrischen Chromosomen" in den weißen Blutkörperchen sind ein sicherer Nachweis eines Strahlungsgeschehens.

Die Experten der Untersuchungskommissionen führten in den Jahren 1991–1993 eine Nahfelduntersuchung durch. Dafür untersuchten sie das Blut von Geschwistern und Eltern und

Nachbarn von an Leukämie erkrankten Kindern – insgesamt nahmen 5 Kinder und 21 Erwachsene aus der Elbmarsch an der Untersuchung teil.[18] Bei den Erwachsenen ergaben sich Erhöhungen bis zum 10-Fachen. Die Kinderwerte waren im Mittel 8-fach erhöht.

Diese hohen Werte von dizentrischen, also „doppelt geschnürten" Chromosomen, so vermuten die Experten, sind auf die hohen Strahlungen zurückzuführen, denen die Menschen hier offenbar ausgesetzt waren. Bei zwei untersuchten Personen wurden „multiaberrante", also vielfach veränderte Zellen gefunden. Diese starken Chromosomenveränderungen gibt es bei unbestrahlten Menschen nicht.

Auch diese Untersuchungen werden von verschiedenen Seiten ganz unterschiedlich gedeutet und führen zum Streit. Die Kieler Atomaufsicht stellt dem zum Beispiel später entgegen: Möglicherweise habe es Risikofaktoren in den Familien der erkrankten Kinder gegeben. Vielleicht hätten sie sich falsch ernährt oder beruflich Umgang mit radioaktivem Material gehabt. Aber selbst wenn dem so wäre, müssten solche Risikofaktoren in der deutschen Bevölkerung statistisch gleich verteilt sein. So ist es aber nicht. Chromosomenveränderungen dieser Art weisen nach Ansicht der untersuchenden Experten auf Strahlung hin.

Verseuchte Dachböden, verstrahlte Bäume und veränderte Chromosomen. Die Bürger sind zutiefst beunruhigt. Birte Jürgens fordert Aufklärung, damit die Menschen in ihrem Dorf endlich Klarheit haben.

Birte Jürgens:

> *„... damit alle Menschen hier in der Elbmarsch besser schlafen können."*

Sie fordert, die Ursachen herauszufinden. Wenn die Ursachen klar sind, könnten die Menschen eher damit umgehen. Den Menschen in Geesthacht geht es um Klarheit und auch darum, „dass dann auch wieder Ruhe einkehren kann".

Geheimnisvolle Kügelchen

Betroffene beauftragen eine eigene Expertenkommission

Zwischen 1994 und 1996 erkranken vier weitere Kinder an Leukämie. Nun sind es bereits 10 Fälle. Seit 1992 arbeiten die beiden von den Bundesländern Niedersachsen und Schleswig-Holstein eingesetzten Untersuchungskommissionen. Bis zum Jahr 2000 liegt immer noch kein offizielles Ergebnis vor. Acht Jahre sind verstrichen. Zehn Kinder sind mittlerweile erkrankt. Das Leukämie-Cluster ist „anerkannt" – bleibt aber nach wie vor unerklärt.

Die Bürgerinitiative „Leukämie" will endlich Klarheit und beauftragt Ende 2000 selbst Experten. Sie wollen die Sache beschleunigen und nehmen ihre Angelegenheiten selbst in die Hand.

Einer der Experten ist Heinz Werner Gabriel, Diplomingenieur der physikalischen Technik von der Arbeitsgemeinschaft Physikalische Analytik und Messtechnik – ARGE PhAM. Er war früher bereits beteiligt an der Untersuchung eines Unfalls im Brennelementewerk Hanau.

Heinz Werner Gabriel ist ein ausgewiesener Experte, dem niemand Voreingenommenheit vorwerfen kann. Er war lange Jahre im Kerntechnischen Ausschuss des Bundesinnenministeriums und er hat zwei Jahrzehnte lang Kernkraftwerke in Deutschland mitentwickelt. Als er den Boden im Umkreis der beiden Atomanlagen untersucht, ist der Experte geschockt. Der Geigerzähler tickt deutlich, die Zeiger zeigen „erhöhte Werte". Bei den Untersuchungen des Bodens in unmittelbarer Nähe zu Wohnhäusern macht der Physiker dann eine unglaubliche Entdeckung. Er kennt das, was er dort findet, und glaubt doch im ersten Moment nicht, dass das wirklich wahr sein kann.

Heinz Werner Gabriel, Diplom-Physiker:

„Bei den entsprechenden Untersuchungen bin ich durch Zufall auf rollendes Material gestoßen beim Auftragen von Boden auf ein Blatt Papier und dabei habe ich meinen Augen nicht getraut. Ich habe Kügelchen gesehen, die ich von Berufs wegen von früher kannte: Kernbrennstoffkügelchen."

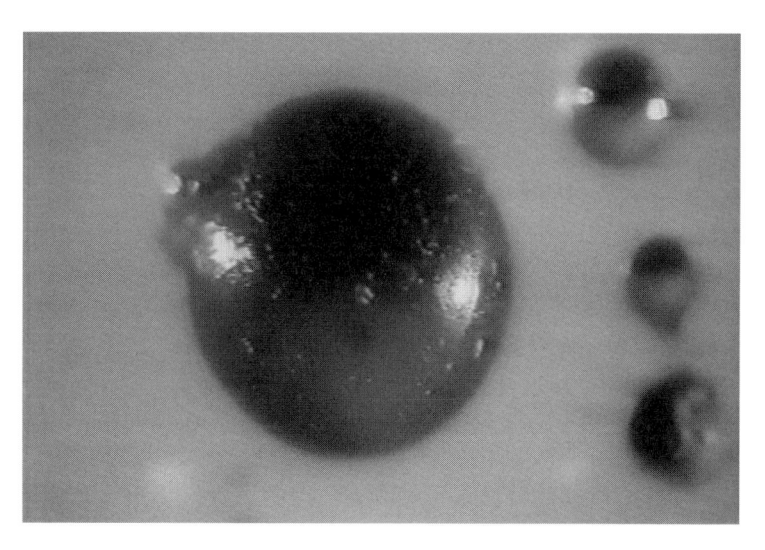

Abbildung 7: Isolierte Mikrokügelchen aus Bodenproben vom nördlichen und südlichen Elbufer. Diese Kügelchen wurden 2000 in Geesthacht gefunden

Kernbrennstoffkügelchen. Kügelchen: lapidarer Ausdruck für einen erschreckenden Fund. Klein und gefährlich, wenn es sich bewahrheiten sollte, dass Gabriel tatsächlich Recht haben sollte. Diese Kügelchen könnten beweisen, dass künstlich hergestellter Kernbrennstoff im Boden der Elbmarsch liegt. Gabriel machte diesen Fund im Jahr 2000, vier Jahre, bevor die offizielle Kommission zurücktrat.

Unter einem einfachen Mikroskop, das Gabriel gleich an Ort und Stelle einsetzt, werden für jeden, der durch das Mikroskop schaut, diese Kügelchen deutlich sichtbar. Isoliert vom Erdreich sind sie selbst mit bloßem Auge zu erkennen. Sie rollen in einer kleinen Plastikschachtel, groß wie Mohnsamen, hin und her. Es scheint kein in der Natur vorkommendes Material zu sein.

Abbildung 8: Isolierte Kügelchen

Der Physiker Gabriel kennt Kernbrennstoffkügelchen nur zu gut. Er hatte viele Jahre damit zu tun, in der Zeit, als er an der Entwicklung von Kugelhaufen-Reaktoren mitgearbeitet hat. Bei diesem Reaktortyp wurden Kernbrennstoffkügelchen eingesetzt. Sind auch die Kügelchen in der Erde der Elbmarsch Kernbrennstoffkügelchen?

Was hat es damit auf sich?

Die Bürgerinitiative möchte Klarheit. Nachdem der Augenschein bereits ein gefährliches Material vermuten lässt, will sie nun eine klare und eindeutige Analyse. Die Bürgerinitiative lässt die Kügelchen von Kernphysikern und Chemikern der Universitäten Gießen und Marburg untersuchen. Deren Messergebnisse liefern den Beweis:

Kügelchen
In den Kügelchen werden radioaktive Stoffe wie Plutonium, Americium und Curium nachgewiesen.

Der Beweis ist damit erbracht: Tatsächlich handelt es sich also um einen Kernbrennstoff und dazu um einen besonders brisanten Kernbrennstoff. Denn der ist ganz unterschiedlich einsetzbar. Wir fragen Dr. Sebastian Pflugbeil, wofür Kernbrennstoff verwendet wird und welche Rückschlüsse wir daraus ziehen können.

Dr. Sebastian Pflugbeil, Kernphysiker:

„Das ist in der Literatur vielfach beschrieben. Die Verwendungszwecke sind ambivalent wie in jeder Nutzung der Kern-

technik. Man kann als Vision ein Kraftwerk haben, man kann aber auch Mini-Atomwaffen damit entwickeln."

Sebastian Pflugbeil ist promovierter Physiker und Präsident der Deutschen Gesellschaft für Strahlenschutz. Er kennt solche Kügelchen aus seiner Tätigkeit. Die Kügelchen, sogenannte PAC-Kügelchen, sind in der kernphysikalischen Fachliteratur genau beschrieben. Sie bestehen aus einer harten Hohlkugel, die im Innern winzige Mengen unterschiedlicher Radionuklide enthält. Verwendet werden sie in der Kernspaltung und bei der Kernfusion oder sie entstehen dort. Unter diesen Radionukliden ist das berüchtigte Plutonium. Plutonium aber hat schon in kleinsten Mengen eine hohe Strahlengiftigkeit.[19]

Die Wissenschaftler – und die Bürgerinitiative Leukämie – interessiert jedoch nicht, ob mit dem Kernbrennstoff Bomben gebaut werden, sie wollen wissen, wie gefährlich die Kügelchen für Menschen sein können. Denn dieses Material liegt in ihren Häusern und in ihren Gärten.

Der Leukämie-Experte **Professor Wolfgang Hoffmann** sieht potenzielle Risiken. Er hält es für möglich,

> *„... dass radioaktive Substanzen möglicherweise noch vorhanden sind, die also lange Halbwertszeiten haben und deswegen in großen Mengen noch verfügbar sein können und die dann, wenn z.B. Staub aufgewirbelt oder Erde bewegt wird, erneut zu einer Belastung führen, beispielsweise durch Einatmen von solchem Staub."*

Das Plutonium gelangt dann mit dem eingeatmeten feinen Staub in die Lunge. Von hier geht ein Teil des Plutoniums direkt in die Blutbahn und wandert mit dem Blutstrom in das Knochenmark.

Dort greift Plutonium die Zellen des Knochenmarks an, die als Stammzellen für die Blutbildung zuständig sind. Das Erbgut in den Zellen kann sich verändern, Leukämie kann entstehen.

Prof. Wolfgang Hoffmann:

„Eine weitere Möglichkeit, die existiert, ist die, dass eine frühere Belastung mit Strahlung in der Bevölkerung dazu geführt hat, dass dort Keimzellen geschädigt worden sind, die dann später, wenn dann viele Jahre später Kinder geboren werden, zu einem erhöhten Risiko für diese später geborenen Kinder führt."

Eine Gesundheitsgefährdung kann also von Kernbrennstoffkügelchen ausgehen. Auch eine Erbgutschädigung, wie sie beim Vater von Nicole nachgewiesen wurde, ist möglich. Die Menschen, die in Tespe seit Jahren versuchen, die Ursachen zu ermitteln, warum gerade ihre Kinder krank werden, sind zutiefst erschüttert. Sie dringen weiter auf Aufklärung. Sie schauen auf die beiden Atomanlagen, in deren unmittelbarer Umgebung sie seit zwanzig Jahren wohnen, und wollen wissen: Wie sind die Kügelchen ins Erdreich der Elbmarsch gelangt?

Gab es möglicherweise einen Brand in der GKSS?

Wieder rückt das Geschehen aus dem September 1986 in den Mittelpunkt. Damals wurde die plötzlich erhöhte Radioaktivität im Umkreis der beiden Atomanlagen aktenkundig. Damals wurde vom KKW festgestellt – wie oben gesagt (siehe S. 22) –, dass sie nicht aus dem Inneren des KKWs Krümmel käme, sondern die erhöhten Werte in der Umgebung der Anlagen auf eine natürliche Ursache zurückzuführen seien. Nun aber erhält eine Beobachtung in der Öffentlichkeit eine neue Bedeutung, die bei der Ursachenforschung der Leukämiefälle bisher kaum Beachtung gefunden hat. Wir befragen dazu Dr. Sebastian Pflugbeil von der Gesellschaft für Strahlenschutz. Denn er weiß von Berichten über einen Brand auf dem Gelände der GKSS.

Dr. Sebastian Pflugbeil, Kernphysiker:

„Im Herbst 86, Tschernobyl-Jahr, da gibt es Augenzeugenberichte, dass es einen großen Brand gegeben hat auf dem Hochufer, wo die Kernforschungsanlage GKSS steht."

Wir machen uns auf die Suche nach Augenzeugen. Eine Frau bestätigt uns den Brand und schildert dem ZDF, was sie damals im September 1986 beobachtet hat. Sie will allerdings unerkannt bleiben. Auf dem Weg zu ihrer Arbeit fährt sie jeden Morgen die Elbuferstraße entlang und kommt dabei auch durch Tespe. Auf der anderen Seite der Elbe liegen das KKW Krümmel und die GKSS. Sie erinnert sich noch genau an den 12. September 1986.

„Ich saß im Auto, auf dem Weg zur Arbeit. Das war am 12. September 1986 frühmorgens. Und da sehe ich zwischen dem KKW Krümmel und der GKSS eine Feuersäule, aber ohne Rauch.
Die war vielleicht 10 Meter hoch, nach oben bläulich strahlend und wie orange-rote Glut nach unten fallend. Das sah ganz unwirklich aus."

Was fürchtet die Zeugin? Warum ist sie nur bereit zu sprechen, wenn ihre Stimme in der Dokumentation verzerrt wiedergegeben wird? Sie will ihre Identität nicht preisgeben – und wir können das verstehen. Die GKSS und das Kernkraftwerk Krümmel sind die größten Arbeitgeber in der schwach besiedelten Gegend. Viele Menschen, die hier wohnen, arbeiten in einer der beiden Anlagen oder irgendjemand aus ihrer Familie ist dort beschäftigt.

Wir sind im Zuge unserer Recherchen auch auf eine GKSS-Mitarbeiterin gestoßen, die davon berichtet, dass sie bei ihrer Einstellung von einem einweisenden Wissenschaftler darauf hingewiesen wurde, die strengen Sicherheitsvorschriften genau einzuhalten, da es im „September 1986 einen Vorfall gegeben" hätte. Diese Mitarbeiterin ist heute in einem großen wissenschaftlichen Institut in Deutschland tätig. Auch sie möchte ungenannt bleiben.

Es gibt aber auch zwei Augenzeugen, die kein Problem haben, offen von dem zu berichten, was sie vor 22 Jahren gesehen haben. Der eine ist Otto Kuhrwahl, damals Binnenschiffer beim Wasser- und Schifffahrtsamt Lauenburg. Er fuhr am 12. September 1986 mit seinem Schiff die Elbe entlang. Dabei beobachtete er:

Otto Kuhrwahl, Augenzeuge:

„... dass sozusagen Rauch vom GKSS quoll, aber es war kein Rauch, es war sehr farbig. Das kann man gar nicht beschreiben, diese Farben, die waren weder Regenbogenfarben noch irgendwie andere Farben. Blau und grün und gelb und das quoll ziemlich dick heraus."

Der andere Augenzeuge des eigenartigen Feuers im GKSS sah den Brand von seinem Haus aus. Es ist der Nachbar des Elbschiffers, der Rentner Bernhard Lühr.

Bernhard Lühr, Augenzeuge:

„Meine Frau und ich waren draußen und haben hier neben dem Haus gestanden und haben den Feuerschein da gesehen. Da haben wir gedacht: Was ist denn da los? Ist da Feuer ausgebrochen? Aber nach Feuer sah das gar nicht aus. Das war gelb, überwiegend gelb, grün und bläulich. Und der Hintergrund, das war so, als wenn dahinter eine Wolke war."

Diese Augenzeugen berichten übereinstimmend von einem „eigenartigen" Brand am 12. September 1986. Das Feuer wirkte auf sie unwirklich, anders als das Feuer, das sie kennen. Hatte es in der Nähe der Atomanlagen oder in den Atomanlagen gebrannt?

Die Menschen damals im September 1986 beobachteten die beiden Anlagen, in deren unmittelbarer Nähe sie wohnen, häufig. Und sie sind misstrauisch. Es war erst knapp fünf Monate her, dass der Reaktor in Tschernobyl gebrannt hatte. Die Angst war groß unmittelbar nach diesem großen Unglück. Noch heute steht Tschernobyl für die Schrecken, die mit der Nutzung von Kernkraft verbunden sein können. Vor 20 Jahren gehörte diese Furcht für alle Menschen zum Alltag. Für die Menschen in Tespe vielleicht noch mehr. Denn sie wohnen direkt gegenüber den beiden Atomanlagen.

Auf der Suche nach der Herkunft der im Boden der Elbmarsch gefundenen Kügelchen fragen wir den Kernphysiker Dr. Sebastian Pflugbeil. Können die Kügelchen möglicherweise durch den Brand, von dem die Augenzeugen sprachen, freigesetzt und durch die Luft gewirbelt worden sein? Der Physiker hält das für möglich:

„... Wenn so ein Brand in Verbindung mit diesen Kügelchen entstanden ist, dann ist leicht vorstellbar, dass diese Kügelchen über Kilometer weit durch die Thermik bewegt worden sind."

Es brennt bei der Feuerwehr

Wir wollen dem nachgehen. Was hat es mit dem Feuer, von dem wir nun von verschiedenen Seiten gehört haben, auf sich? Zuständig ist die Feuerwehr Geesthacht. Das ZDF fragt also bei der Feuerwehr in Geesthacht nach. In einem ersten Telefonat mit dem damaligen Brandmeister erinnert sich dieser zuerst an ein Feuer. Bei späteren Nachfragen will er aber nicht mehr mit Mona Lisa sprechen und leugnet, dass es ein Feuer gab. Weitere Auskünfte zu einem solchen Brand will man bei der Leitstelle Geesthacht nicht geben – und kann es auch nicht. Denn: Die Einsatzprotokolle vom September 1986 gibt es nicht mehr.

Sie sind alle vernichtet worden bei einem Brand – ausgerechnet bei der Feuerwehr selbst. Dieser Brand ereignet sich im Jahr 1991.[20]

Es ist das Jahr, in dem die ersten Leukämiefälle bekannt werden. Es ist das Jahr, in dem der Sozialminister Hiller auf einer Veranstaltung der besorgten Bürgerinitiative zusagt, dass die Ursachen für die vielen Leukämiefälle auf jeden Fall erforscht werden müssten. Der Druck auf die Politiker ist groß geworden. Alle Zeichen stehen dafür, dass den geheimnisvollen Leukämieerkrankungen auf den Grund gegangen werden soll.

Genau in diesem Jahr brennt es bei der Feuerwehr und das Feuer vernichtet alle Akten ab dem Jahr 1986. Das ist ein seltsamer Zufall, eine merkwürdige Begebenheit, finden wir.

Ein weiteres merkwürdiges Feuer findet in diesem Jahr statt. Denn auch eine der Messstationen, die rund um das Kernkraftwerk routinemäßig mögliche Radioaktivität messen, verbrennt. Es war ein Brandanschlag, dem am 15. September 1986, drei Tage nach dem vermuteten Unfall, das Gebäude, an dem es installiert war, zum Opfer fällt. Es stand direkt neben der GKSS. Dort sollte ein Asylantenheim eingerichtet werden. Der mutmaßliche Brandstifter, den die Polizei im Verdacht hat, kommt kurze Zeit später noch vor seiner Vernehmung durch einen Verkehrsunfall ums Leben.

Wenn es aber einen Brand gegeben hätte, so hätte die GKSS als eine Forschungseinrichtung, die mit radioaktivem Material arbeitet, diesen Brand auf jeden Fall auch an das Ministerium in Schleswig-Holstein melden müssen. Wir gehen dem also nach, aber dort liegt keine Meldung über einen Brand vor.

Selbstverständlich – so sagen Politiker – gibt es eine Meldepflicht. Ein möglicher atomarer Unfall hätte auch nach Bonn bzw. später nach Berlin gemeldet werden müssen. Aber auf Anfrage erfahren wir: Die Expertenkommission Leukämie in Niedersachen hatte genau an dieser Stelle nachgeforscht. Aber nirgendwo liegen entsprechende Meldungen vor. Was nicht gemeldet wird, kann auch nicht aktenkundig werden. Wir bleiben misstrauisch: Gab es keinen Brand? Oder gab es keine Meldung?

Zwei weitere Dinge sind klar

- Es gibt Zeugen eines Feuers, das 1986 zwischen den beiden Geesthachter Atomanlagen stattgefunden hat, aber keine Feuerwehrakten aus dem Jahr 1986.
- Es gibt Kügelchen in der Nähe der Atomanlagen Geesthacht. Sie werden von einigen Experten für Kernbrennstoffkügelchen gehalten.

Die meisten Wissenschaftler der schleswig-holsteinischen Untersuchungskommission (siehe S. 26 ff.) sind überzeugt, dass die Kügelchen durch einen Brand oder durch eine Explosion in der Nähe der GKSS in die Umgebung gelangt sind.
Wir bitten die GKSS um eine Stellungnahme. Professor Dr. Wolfgang Kaysser ist seit Juli 2003 wissenschaftlicher Geschäftsführer der GKSS-Forschungszentrum Geesthacht GmbH. „Er lenkt und koordiniert die Forschungsaufgaben des Zentrums und ist für deren gesamtes Spektrum in den Bereichen Werkstoffforschung, Polymerforschung, Regenerative Medizin, Neutronen- und Synchrotronstreumethoden sowie Küstenforschung verantwortlich."[21] Professor Kaysser streitet einen Unfall oder Brand ab.

Prof. Wolfgang Kaysser, wissenschaftlich-technischer Geschäftsführer des Kernforschungszentrums GKSS:

„Es gab keine Explosion oder irgendeinen Brand, bei dem derartige Strahlungen hätten freigesetzt werden können. Das gab es nicht."

Doch die Analyse von Satellitenaufnahmen scheinen dem zu widersprechen.

Bemerkenswerte Luftaufnahmen

Wir versuchen uns der Frage, ob es einen Brand gegeben haben kann, von einer anderen Seite zu nähern: aus der Luft. Mit einem Vergleich der Satellitenaufnahmen des Geländes wollen wir eine neue, bisher ungenutzte wissenschaftliche Perspektive bei der Betrachtung des Problems einnehmen. Und in der Tat findet

Prof. Mauser, der sich bisher noch nicht mit dem Geesthachter Fall beschäftigt hat, in den auf eigene Kosten beschafften Aufnahmen Auffälligkeiten.

Ein Vergleich der Satellitenfotos von August 1986 und September 1986 zeigt Auffälligkeiten. Innerhalb eines Monats hat sich ein bestimmter Teil des Geländes optisch verändert, genau an der Stelle, an der laut Augenzeugin der Brand zu sehen war. Im direkten Vergleich wird sichtbar, dass die für den Brand vermutete Stelle im September 1986 wesentlich dunkler ist. Das Vergleichsbild vom August zeigt dort noch eine wesentlich hellere, grüne Farbe, offenbar das Grün der dort wachsenden Bäume und anderer Pflanzen.

Prof. Wolfram Mauser, Institut für Geographie, Universität München:

„Diese Veränderungen sind durchaus in dem Bereich, wo man vermutet, dass ein Ereignis stattgefunden hat. Es ist auf einzelnen dieser Bildpunkte zu erkennen, dass die Vegetation im Gegensatz zum August zurückgegangen ist."

Die Veränderung des Geländes zwischen KKW und GKSS ist dokumentiert durch Luftaufnahmen. Aber auch an Ort und Stelle sind deutliche Spuren zu erkennen: Zwischen Kernkraftwerk und GKSS-Forschungszentrum gibt es einen Krater mit einem Durchmesser von circa 100 Metern mit einem überraschend jungen Baumbewuchs.

Eine Untersuchung findet nicht statt

Verharmlosung: Kügelchen nur harmlose Flugasche

Passierte 1986 zwischen GKSS und KKW also ein Atomunfall, bei dem die Kügelchen in die Umgebung gelangten? Wurde hier möglicherweise mit irgendetwas experimentiert und geriet dabei etwas außer Kontrolle? Es wird schwer, hierüber von der GKSS Auskunft zu erhalten. Wenn auch von Seiten der Geschäftsführung der GKSS vehement bestritten wird, dass es im September 1986 zu einem Brand in oder in der Umgebung der GKSS gekommen sein könnte, so muss sie doch die unwiderlegbaren Funde der Kügelchen in der unmittelbaren Umgebung der Anlage der GKSS zur Kenntnis nehmen.

Denn die Existenz von Kügelchen kann – als wir für die Dokumentation im Jahr 2005 die Interviews führen – nicht bestritten mehr werden. Auch nicht von der GKSS. **Prof. Wolfgang Kaysser**, Kernforschungszentrum GKSS, beugt sich denn auch so weit den augenscheinlichen Tatsachen.

„Man hat hier sehr viele ‚Kügelchen' in Anführungszeichen, rundliche Dinge gefunden, die aber nichts mit Radioaktivität zu tun haben",

räumt er auf unsere Nachfrage ein. Ob er sie durch die Benutzung der ironisierenden Anführungszeichen verharmlosen will oder sie weniger wirklich werden sollen oder ob er sich über die Menschen, die über deren Fund beunruhigt sind, lustig machen will, bleibt offen. In der Tat erklärt der Geschäftsführer, entgegen den Untersuchungen der Gießener und Marburger Experten (siehe S. 52), die Kügelchen für völlig harmlos.

„Das sind zum Teil biologische Elemente, die da ausschließlich drin sind, zum Teil Keramik und es ist ein bisschen unklar, woher das kommt, es könnte Flugasche sein oder Ähnliches."

Der Direktor der GKSS stellt sogar zur Debatte, dass es sich um Wurmkot handeln könne. Auf die Zuhörerinnen und Zuhörer wirken solche als Vermutungen vorgetragenen Argumente wie eine unseriöse Verharmlosung. Eine Forschungsanlage wie die GKSS bleibt bei lapidaren Vermutungen über die Herkunft und Bestandteile der Kügelchen. Denn gründlich untersucht haben sie sie offenbar nicht. Angeblich untersucht die Landesregierung die Kügelchen, aber deren Labore finden nichts. Ihr Ergebnis: Es seien zwar Kügelchen gefunden worden, aber sie bestünden aus Baumharz, seien also natürlicher Herkunft. Diese Untersuchungsunterlagen liegen der Bürgerinitiative jedoch nicht vor.

Der Erklärung des Geschäftsführers der GKSS aus dem Jahre 2006, es handele sich bei den Kügelchen um in der Natur zu findende Elemente, widersprechen aber die Messergebnisse von Wissenschaftlern der Universitäten Gießen und Marburg aus dem Jahre 2001. „Die radioaktive Belastung der Nahumgebung der Geesthachter Atomanlagen durch Spaltprodukte und Kernbrennstoffe."

Entschieden und eindeutig ist der Geschäftsführer in der Ablehnung der Theorie, dass diese Kügelchen durch ein von Menschenhand verursachtes Ereignis in die Welt der Elbmarsch gekommen seien.

Diffus wird er bei seiner Erklärung. Deutlich zeigt er im Interview aber auch, dass für die GKSS mit dieser Erklärung des verantwortlichen Geschäftsführers, es handele sich um Natur, „Flugasche oder Ähnliches", die Sache für beendet erklärt wird. Die GKSS sieht keinen Bedarf, dieser Angelegenheit weiter nachzugehen.

Die Menschen in der Elbmarsch sind nicht mehr bereit, sich mit vagen Erklärungen abspeisen zu lassen. Sie haben mittlerweile 15 kranke Kinder. Sie wollen wissen, warum ihre Kinder krank werden. Sie wollen wissen, warum ausgerechnet bei ihnen in der Elbmarsch diese Kügelchen zu finden sind. Wenn sie doch durch die Luft kommen, wie Sand aus der Sahara oder Flugasche, warum haben sie sich dann nur bei ihnen vor die Haustür, in die Reetdächer und Gärten gelegt? Warum sind sie dann nicht auch in den Äckern der westfälischen Bauern oder den Gärten der bayerischen Dörfer?

Die Menschen in der Elbmarsch, in Geesthacht, Tespe und Marschacht, sind es leid. Sie glauben den Beteuerungen der GKSS nicht. Sie lassen die Erklärung, es sei „ein bisschen unklar", woher dass komme, nicht gelten. Sie wollen Klarheit. Die Klarheit, die Birte Jürgens gefordert hatte.

Ärzte erstatten Anzeige

Es ist die Organisation „Internationale Ärzte gegen den Atomkrieg", die am 29.01.2001 formell Anzeige erstattet. Bei der Staatsanwaltschaft Lübeck wird der Vorgang unter dem Aktenzeichen 712 UJs 286/01 geführt. Beklagte sind das Kernkraftwerk Krümmel, das Forschungszentrum GKSS und das Ministerium für

Finanzen und Energie wegen des „Verdachts des Freisetzens ionisierender Strahlen".

Die Kügelchen werden nicht untersucht

Nach nur einem Jahr wird das Verfahren von der Staatsanwaltschaft Lübeck eingestellt. Begründung: Mangelnder Tatverdacht.
Das ist verwunderlich – und wir gehen dem nach.
Sind die Kügelchen, die vom Kernphysiker Gabriel gefunden wurden und von den Instituten in Gießen und Marburg nach Analysen für radioaktiv gehalten werden, wirklich mit allen der Wissenschaft zur Verfügung stehenden Methoden untersucht worden?
Die Staatsanwaltschaft beauftragt im Jahr 2001 das „Institut für Transurane" in Karlsruhe mit der Untersuchung der Bodenproben.
Es sind die Bodenproben, die die Bürgerinitiative genommen hatte. Sie übergab diese Proben dem von ihr beauftragten Gutachter Gabriel, der sie mit in sein Labor nahm. Nach der Anzeigeerstattung der Ärzte gegen den Atomkrieg (IPPNW) lässt die Staatsanwaltschaft nicht selbst Bodenproben nehmen, um der Anklage nachzugehen. Sie wendet sich an den Gutachter und beschlagnahmt die Bodenproben, die er bei sich in seinem Labor aufbewahrte. Die Arbeiten, die bereits begonnen hatten, werden dadurch behindert. Denn nun stehen vorerst keine Bodenproben mehr zur Verfügung, um sie hier zu untersuchen.
Später erklärt die Staatsanwaltschaft Lübeck, ein „Institut für Transurane" in Karlsruhe habe diese Proben untersucht. Das Ergebnis sei jedoch negativ gewesen.
Mona Lisa fragt bei den Recherchen an allen beteiligten Stellen nach: Sind diese Kügelchen wirklich untersucht worden? Ist

es wahr, dass man beim „Institut für Transurane" wirklich keinerlei Radioaktivität hat feststellen können?

> Mona Lisa liegt eine E-Mail vom „Institut für Transurane" an die Staatsanwaltschaft Lübeck vor, in dem der damalige Direktor des Instituts Dr. Schenkel schreibt, dass er keinen Auftrag hatte, die Kügelchen zu untersuchen und zu separieren.

Die Kügelchen sind also nicht untersucht worden! Denn die Staatsanwaltschaft Lübeck hat dem Institut für Transurane keinen entsprechenden Auftrag gegeben.

Der Brand wird nicht untersucht

Auch die mögliche Brandstelle wird von der Staatsanwaltschaft Lübeck im Jahr 2001 nicht hinreichend untersucht.

Der Krater selbst ist heute für die Öffentlichkeit nicht mehr zugänglich. Die Forderung, diesen Boden erneut brandtechnisch untersuchen zu lassen, wird von der Staatsanwaltschaft in Lübeck zurückgewiesen. In einem Interview mit dem ZDF lehnte der zuständige Staatsanwalt diese Untersuchung erneut mit der Begründung ab, sie koste zu viel Geld und sei – so der moderne Ausdruck – nicht zielführend. Denn auch das staatliche „Institut für Transurane", Karlsruhe, das von der Staatsanwaltschaft beauftragt worden war, sei dort nicht fündig geworden. Aber genau dieses Institut war ja, wie uns bestätigt wurde, von der Lübecker Staatsanwaltschaft überhaupt nicht beauftragt, nach Kügelchen zu suchen. Was aber hätte das Institut dort suchen sollen, wo es keinen Auftrag hatte „Kügelchen" zu untersuchen?

Eine staatsanwaltschaftliche Ermittlung, in der offenbar keine ausreichenden Ermittlungen geführt wurden, wird eingestellt.

Es sind aber genau diese Ermittlungen, auf die später von offizieller Seite immer wieder verwiesen werden wird!

Abbildung 9: Weitere Leukämieerkrankungen

Zwischen 2001 und 2004 erkranken erneut fünf Kinder an Leukämie. Nun sind es schon 15 Fälle.

Der Eklat: Rücktritt der Leukämiekommission

12 Jahre im Widerstand gegen die Behörden

Am 1. November 2004 kommt es zum Eklat. Nach 12 Jahren legen sechs der insgesamt acht führenden Wissenschaftler der schleswig-holsteinischen Untersuchungskommission „Leukämie" ihre Arbeit nieder. Die Begründung: Sie seien von den offiziellen Stellen der schleswig-holsteinischen Landesregierung, insbesondere der Abteilung für Reaktorsicherheit, jahrelang und systematisch behindert worden.

Die Meldung geht durch alle Medien, die Presse meldet auf Seite 1:

So die TAZ, vom 2.11.2004

„Strahlender Abgang der Kommission

ExpertInnen fühlen sich bei der Aufklärung der hohen Leukämierate rund um den Atomreaktor Krümmel behindert.

HAMBURG taz Es ist kein leiser Abgang: Nach zwölfjähriger Tätigkeit gab die so genannte schleswig-holsteinische Leukämiekommission gestern ihre faktische Auflösung bekannt. Sechs der acht Mitglieder traten zurück. Sie protestieren gegen ‚die Verschleierungspolitik' der Kieler Landesregierung im Ursachenstreit um die Häufung von Blutkrebserkrankungen in der Umgebung des Atomkraftwerks Krümmel. Kommissionschef Otmar Wassermann und fünf seiner Mitstreiterinnen

> warfen der schleswig-holsteinischen Landesregierung ‚aberwitzige Widerlegungsversuche' von Erkenntnissen vor, die den Atommeiler in den Verdacht bringen, für die Häufung von Blutkrebserkrankungen in der Elbmarsch verantwortlich zu sein."[22]

In der Süddeutschen schreibt Martin Urban unter der Überschrift:

> **„Schleswig-Holstein: Atomperlen aus Geesthacht**
>
> *Die ‚Atombombe in der Aktentasche': Forscher glauben, Ursache der Kinder-Tumore in der Gemeinde Geesthacht entdeckt zu haben.*
>
> Völlig überraschend hat sich die Experten-Kommission aufgelöst, die seit 1992 die Ursache der häufig auftretenden Leukämie bei Kindern in der Umgebung von Geesthacht (Schleswig-Holstein) erforscht.
>
> Der Vorsitzende Otmar Wassermann und fünf weitere wissenschaftliche Mitglieder der achtköpfigen Kommission erklärten am Montag in Berlin ‚unter Protest gegen die Verschleierungspolitik der schleswig-holsteinischen Aufsichtsbehörde' ihren Rücktritt. Die Strahlenforscher glauben jetzt zu wissen, was seinerzeit passiert ist.
>
> **Die Suche nach dem Fingerabdruck**
>
> Sie haben jahrelang nach dem „Fingerabdruck" eines mit der Freisetzung von Radioaktivität verbundenen Ereignisses gesucht – und sind auf sensationelle Weise fündig geworden. Sie identifizierten nach eigenen Angaben einen Mix aus Spalt- und Aktivierungsprodukten, Transuranen (Plutonium und Americium) sowie weiteren Kernbrennstoffen (angereichertes Uran und Thoriumderivate).
>
> Die Analyse ergab, dass die Spur nicht nach Tschernobyl führt, wo sich im April 1986 die bisher größte Reaktorkatastrophe ereignet hat. Sie führt auch nicht ins Kernkraftwerk Krümmel, obwohl auch dort allerlei Unregelmäßigkeiten vorgekommen sein sollen. Dagegen wurden die Strahlenforscher bei der gleich nebenan liegenden GKSS fündig."[23]

In einer Pressekonferenz begründen die zurückgetretenen Mitglieder ausführlich, warum sie sich zu diesem spektakulären Schritt entschlossen haben. **Prof. Otmar Wassermann**, Toxikologe, EM an der Uni Kiel und Vorsitzender der ehemaligen Untersuchungskommission „Leukämie", äußert sich in einem Interview vom 1.11.2004 gegenüber der Tagesschau:

> *„Wir haben ernstzunehmende Hinweise, dass zwischen diesen beiden Atomanlagen an der Elbe ein Unfall aufgetreten ist – 1986, mit entsprechenden Kontaminationen und dies alles wird unter den Teppich gefegt. Wir werden nicht unterstützt durch die Staatsanwaltschaft und nicht durch das Landeskriminalamt. Das heißt, hier wird etwas vertuscht, was die Öffentlichkeit nicht erfahren darf."*

Doch die massive Kritik aus der renommierten Kommission wird vom Tisch gewischt.
Dr. Gitta Trauernicht, seit 2004 Sozialministerin in Schleswig-Holstein (vorher 2000-2003 Sozialministerin in Niedersachsen), konstatiert einen Tatbestand, so wie ihn ihr Ministerium offenbar sehen will: Die Politikerin stellt eine Gegenbehauptung auf. In einer Stellungnahme am 3. November 2004 kontert sie:

> *„Sie hat eben kein radioaktives Potenzial, diese Kugel oder diese Kügelchen, und es gibt überhaupt keine Vertuschung eines Atomunfalls in der GKSS. Das ist absurd, das ist abwegig."*

Wie erklären die Landesregierungen die Leukämiefälle?

Wenn von offizieller Seite zurückgewiesen wird, dass die gefundenen Kügelchen ursächlich mit den Erkrankungen zu tun haben könnten, bleibt immer noch die Frage, warum es ein Leukämie-Cluster Elbmarsch gibt. Was sagt der damals zuständige Umweltminister Klaus Müller, Grüne/Bündnis 90? Er verweist auf die Studien, die die Landesregierung Schleswig-Holstein zur Klärung in Auftrag gegeben hat.

Bremer Lymphomstudie

Klaus Müller, ehemaliger Umweltminister von Schleswig-Holstein (2000-2005) am 3.11.2004:

> *„Diese Studien sind alle zu einem Ergebnis gekommen: Nämlich dass kein Vorfall in einem Atomkraftwerk oder in der GKSS ursächlich für die Leukämiefälle zu nennen ist."*

Für die Studien, die hier von der Ministerin und dem Minister zitiert werden, hat die Landesregierung Schleswig-Holstein viereinhalb Millionen Euro ausgegeben. Eine Menge Geld. Doch ausgerechnet die mit drei Millionen Euro teuerste Studie hat sich mit erhöhter Radioaktivität als Folge eines Störfalls gar nicht beschäftigt. Es ist die „Norddeutsche Leukämie- und Lymphomstudie", mit der die Landesregierungen Schleswig-Holsteins und Niedersachsens im Jahr 1996 das Bremer Institut für Präventionsforschung und Sozialmedizin (BIPS) beauftragt hatten.

Normalbetrieb ...

Denn diese Studie hatte eine ganz andere Fragestellung:

> *„Welche Zusammenhänge sollen geklärt werden?*
> *In der Umgebung des Kernkraftwerkes Krümmel wurden wie in der Region Pinneberg umweltbedingte Risikofaktoren*

als mögliche Ursachen der lokalen Häufung der Leukämien vermutet. Deshalb sollen in der Studie drei Haupthypothesen überprüft werden:

- *Verursachen radioaktive Emissionen aus Atomkraftwerken im Normalbetrieb ein erhöhtes Risiko für Leukämien und Lymphdrüsenkrebs?*
- *Verursachen Pestizide ein erhöhtes Leukämie- und Lymphomrisiko?*
- *Können Belastungen aus niederfrequenten elektromagnetischen Feldern (50 Hz, 16 2/3 Hz) aus Hochspannungs- und Bahnstromleitungen erhöhte Leukämie- oder Lymphomraten bewirken?"*

Das ist die Fragestellung der Studie im Wortlaut. Die Ausgangsfrage der Untersuchung war die hohe Leukämierate. Das Bremer Institut hatte den Auftrag, zu untersuchen, wie diese zustande kam. Die Richtung der Untersuchung war jedoch vorgegeben. Die Wissenschaftler hatten drei Fragestellungen zu bearbeiten. Sie hatten den Auftrag, die Emission im Normalbetrieb der KKWs zu untersuchen. Sie hatten den Auftrag, einen möglichen ursächlichen Zusammenhang von Pestiziden und Leukämie zu prüfen, und sie sollten erforschen, ob es einen Zusammenhang von elektromagnetischen Feldern und Blutkrebs gibt. Sie sollten **nicht** untersuchen, ob ein Unfall und die erhöhte Freisetzung von Radioaktivität in einem ursächlichen Zusammenhang mit der hohen Leukämierate in der Elbmarsch stehen.

Die Fragestellung des Auftrags fokussiert auf diese drei Punkte. 2002 liegt das Ergebnis der „Norddeutschen Leukämie- und Lymphomstudie" vor. Kurz zusammengefasst lautet das Ergebnis: Der Normalbetrieb der norddeutschen Kernkraftwerke führt – laut Studie – nicht zu einem erhöhten Risiko, an Leukämien und Lymphomen zu erkranken. Erwachsene dagegen, die Insektizide und Holzschutzmittel in privaten Haushalten anwenden, haben ein erhöhtes Risiko, an Leukämie oder Lymphdrüsenkrebs zu erkranken.[24]

So schloss diese teure Studie aufgrund der Fragestellung geradezu aus, dass sich die Wissenschaftler mit einem möglichen Störfall beschäftigten. Der ausdrückliche Auftrag von Seiten der Regierung richtete das Augenmerk auf den Normalbetrieb. Ein möglicher Unfall sollte nicht untersucht werden.

In der wissenschaftlichen Diskussion nennt man die Ergebnisse einer solcherart fokussierten Fragestellung „interessengeleitete Erkenntnisse". Auf Deutsch: Man findet nur das heraus, was man herausfinden soll oder will. Mit der Erforschung der Kinderleukämie an der Elbe hatte der Auftrag der schleswig-holsteinischen Landesregierung jedenfalls nichts zu tun.

Prof. Wolfgang Hoffmann, Epidemiologe von der Universität Greifswald und wissenschaftliche Koordinator der Bremer Studie, bestätigt das uns gegenüber ausdrücklich und setzt sich gegen die Instrumentalisierung dieser Untersuchung zur Wehr:

> *„Unsere Untersuchung hatte von vornherein eine andere Fragestellung, sodass sie jetzt selbstverständlich auch nicht als Entwarnung oder Ähnliches herangezogen werden kann. Unsere Untersuchung macht keine Aussagen über die Ursachen oder möglichen Ursachen des Leukämie-Clusters bei Kindern in der Elbmarsch."*

Der renommierte Wissenschaftler weist auf unser Nachfragen ausdrücklich darauf hin, dass die Studie diese ganz andere Fragestellung in den Mittelpunkt stellte. Es handelt sich um eine wissenschaftlich einwandfreie Studie. Und die Ergebnisse, die sie hervorbrachte, beziehen sich selbstverständlich auf die Fragestellung, der sie nachging. Es ist eben ein Unterschied, ob der Normalbetrieb eines Kernkraftwerks untersucht wird oder die Folgewirkung eines möglichen radioaktiven Störfalls in einem Kernforschungszentrum.

Deshalb dürfte sich ein verantwortungsvoller Umweltminister nicht auf diese Studie beziehen, um sie als Untersuchung der hohen Leukämieraten bei Kindern in der Elbmarsch heranzuziehen. Wenn eine Studie nicht nach allen Ursachen, also auch einem möglichen außergewöhnlichen Ereignis wie einem Unfall fragt, so kann sie auch nicht als Gegenbeweis für diesen Unfall herangezogen werden.

… oder Störfall

Die sogenannten Leukämiekommissionen und vor allem die Mitglieder der schleswig-holsteinischen Leukämiekommission dagegen verstehen ihren Auftrag ganz anders: Sie untersuchen nicht den Normalbetrieb, sondern einen Störfall. Die im November 2004 aus Protest zurückgetretenen Kommissionsmitglieder veröffentlichen ihre Erkenntnisse in einem eigenen Abschlussbericht, in dem sie einen kerntechnischen Unfall im Jahr 1986 für die Erkrankungen verantwortlich machen. Sie weisen in ihrem Bericht genau auf diesen Punkt hin, dass bei der von der Regierung zitierten Bremer Studie

> *„… ein Normalbetrieb mit kontinuierlichen Emissionen innerhalb der genehmigten Grenzwerte angenommen (wurde). Einen solchen Zusammenhang hat die Kommission niemals unterstellt, sondern ist der Frage nach ungenehmigten Freisetzungen nachgegangen."*[25]

Die Kommissionen wurden auf eine falsche Fährte gesetzt. Sollte etwas vertuscht werden? Die Menschen an Elbmarsch und Geest jedenfalls sind skeptisch:

Uwe Harden, 1994 bis 2008 Landtagsabgeordneter SPD Niedersachsen und Bürgermeister der Gemeinde Drage, weist auf einen wichtigen zeitlichen Zusammenhang hin. Der vermutete Unfall, das Feuer, von dem Augenzeugen berichten, fand im September 1986 statt.

> *„1986! Tschernobyl war gerade passiert. Wenn in dieser Zeit in Deutschland ein Unfall in einer Atomanlage geschehen wäre, dann wäre die Atomindustrie stillgelegt worden, ganz einfach. Die friedliche Nutzung wäre erledigt gewesen."*

Am 26. April 1986 ereignete sich das furchtbare Unglück in Tschernobyl. Erst Tage später informierte die damals noch kommunistische Regierung die anderen Länder der Erde. Eine radioaktive Wolke zog über die ahnungslosen Menschen Osteuropas bis zu uns. Die Weltöffentlichkeit war empört über die verschleppende Informationspolitik der damaligen Sowjetunion.

Unmittelbar nach dem Unglück starben die Menschen, die dem Feuer zu nah gekommen waren, das Gebiet um Tschernobyl war verwüstet, unbewohnbar. Noch heute erkranken Kinder. Niemand weiß, wie lange die Menschen noch unter den Folgen dieses atomaren Unfalls leiden müssen. Nirgendwo ist die Krebsrate so hoch wie in Tschernobyl.

Tschernobyl ist heute Synonym für die Gefahren außer Kontrolle geratener Kernspaltung. Tschernobyl ist für viele der Beweis dafür, dass Menschen – entgegen allen Beteuerungen der Betreiber und befürwortenden Wissenschaftler – die Kernkraft nicht kontrollieren können.

Das Unglück in Tschernobyl ereignete sich Ende April 1986. Der mögliche Unfall in den Geesthachter Atomanlagen am 12. September. Nur vier Monate später.

Diese zeitliche Nähe, so Uwe Harden, machte es damals – hätte es einen Unfall gegeben – unmöglich, ihn einzugestehen. Das hätte seiner Ansicht nach in unserer offenen Gesellschaft das sofortige Aus für die friedliche Nutzung der Kernkraft bedeutet. Das aber wäre wirtschaftlichen und politischen Interessen von Betreibern und Regierung zuwidergelaufen. Es hat also durchaus ein starkes Interesse gegeben, einen Atomunfall in Deutschland zu vertuschen.

Die Akten werden geschlossen

Abschlussbericht der Mehrheit der Kommission

Die schleswig-holsteinischen Kommissionsmitglieder erläutern die Erkenntnisse über die Herkunft der Leukämie, die sie trotz allen Widerstands in den vergangenen Jahren gewonnen haben, in einem umfangreichen Dossier. Der Bericht des Vorsitzenden Prof. Otmar Wassermann wird von fünf weiteren Mitgliedern der ehemals achtköpfigen Kommission unterschreiben.

Sie erheben bittere Anklage gegen die Regierung:
„Nach unseren leidvollen Erfahrungen während der letzten 13 Jahre mit dieser Kommissionsarbeit können wir allerdings nicht erkennen, dass die Landesregierung Schleswig-Holstein – entgegen ihrem eigenen ursprünglichen Auftrag der ‚Aufklärung der Ursachen der Leukämiehäufung in der Umgebung von KKK und GKSS' – eine Aufklärung wirklich wünscht. Dafür spricht auch die Unterlassung einer von uns geforderten Unterstützung durch Staatsanwaltschaft und Landeskriminalamt bei der Aufklärung des Brandes im September 1986 auf dem Gelände zwischen GKSS und KKK. Wir haben das Vertrauen in diese Landesregierung verloren. Wir treten daher mit sofortiger Wirkung aus dieser Kommission aus, bedauern diesen Schritt gegenüber den von den Atomanlagen an der Elbe (und anderswo) auch weiterhin

gefährdeten, aber von der Landesregierung im Stich gelassenen Menschen."[26]

Ein schwerer Schlag für die Menschen in der Region. Und ein vernichtendes Urteil für eine Landesregierung.

Die unterzeichnenden Kommissionsmitglieder fassen ihre Erkenntnisse, an deren Gewinnung sie ihrer Ansicht nach gehindert wurden, zusammen:

„1. In der Umgebung vom KKK und der benachbarten GKSS liegt eine erhöhte radioaktive Kontamination des Bodens vor, deren Abstandgradient auf die Quellen KKK und GKSS hinweist.
2. Auf Dachböden von Häusern der Samtgemeinde Elbmarsch wurden Plutoniumisotope und Americium festgestellt, deren Zusammensetzung ausschließt, dass es sich um den durch Fallout der früheren Atomtests verursachten Background handelt. Diese Transurane können jedoch auch nicht aus dem KKK-Betrieb stammen.
3. Transurane und weitere Kernbrennstoffe (angereichertes Uran und Thoriumderivate) lassen sich ebenfalls im Boden der KKK- und GKSS-Umgebung nachweisen. Sie werden von der ARGE PhAM[27]*, Weinheim, mit aufgefundenen Mikrosphären in Zusammenhang gebracht, die sie besonderen kerntechnischen Experimenten zuordnet. Art und Aufbau der Mikrosphären zeigen laut ARGE PhAM die Herkunft aus einer Hybridanlage, bei der die Techniken der Kernfusion und -spaltung vereint zur Energiefreisetzung benutzt werden sollten.*
4. Massenspektrometrische Analysen an Mikrosphären ergaben Plutonium-, Uran- und Thoriumanteile und bestätigen somit die These von ARGE PhAM.

*5. Im September 1986 wurden radioaktive Spaltprodukte freigesetzt. Ob die beobachteten Kernbrennstoffe und Transurane zu diesem Zeitpunkt ebenfalls in die Umgebung gelangten, ist nicht bekannt.
6. Ein im September 1986 aktenkundig gewordener Brand auf dem GKSS-Gelände zwischen GKSS und KKK bestätigt das Unfallszenario.
7. Das schon früher gefundene Tritium in Baumringen aus dem Jahr 1986 bestätigt die Hybridthese (Fusion unter Verwendung von Tritium) und stellt einen zeitlichen Bezug zu dem Unfallereignis her.
Abweichend von den Annahmen der Dezember-97-Erklärung kommt die Mehrheit der Kommission nunmehr zu dem Schluss, dass zwar das Kernkraftwerk Krümmel wegen einer Reihe ungeklärter Vorkommnisse und des lokalen Kleinklimas nach wie vor als Mitverursacher der Leukämieerkrankungen in Frage kommt, die wesentliche leukämierelevante Umgebungskontamination jedoch von geheim gehaltenen kerntechnischen Sonderexperimenten auf dem GKSS-Gelände verursacht sein dürfte."*

Die schleswig-holsteinische Kommission sorgt mit dem Rücktritt und dem schweren Vorwurf an die rot-grüne Regierung für den öffentlichen Eklat. Die niedersächsische Kommission, die mit den Elbmarschleukämien befasst ist, arbeitete unter dem Vorsitz von Prof. Erich Wichmann. Eine weitere niedersächsische Arbeitsgruppe, die „AG Belastungsindikatoren" unter Prof. Greiser, sollte sich mit der Strahlenbedingtheit der Erkrankungen befassen.

Anfangs hatten sich die Kommissionen der beiden benachbarten Bundesländer zu gemeinsamen Sitzungen getroffen. Zu diesen Sitzungen lud das schleswig-holsteinische Ministerium ein. Die Kommissionsmitglieder hatten sich ein gemeinsames 16-Punkte-Programm gegeben, das relativ schnell abgearbeitet war. Als die ersten Verdachtsmomente auftauchten – wie der Nachweis von Radioaktivität im Dachstaub oder von Radioaktivität in den Baumscheiben und vor allem der Fund der Kernbrennstoffkügelchen –, gingen die Streitereien und Interpretationen dieser Befunde los. Die Experten konnten sich nicht einigen. Je konkreter die Belege für eine Radioaktivität in Geesthacht wurden, desto hitziger wurde gedeutet – und desto seltener tagten die beiden Kommissionen. Die Arbeit kam nicht mehr voran, die Positionen standen sich unversöhnlich gegenüber.

Der Bericht der Sprecher der niedersächsischen Kommission

Nach der Niederlegung der holsteinischen Kommission legen die Sprecher der niedersächsischen Kommission, die Professoren Wichmann und Greiser, einen nur von ihnen verantworteten, eigenen Bericht vor, an dem die 26 wissenschaftlichen Mitglieder der Kommissionen nicht beteiligt sind.

Nach diesem Bericht sollen sämtliche Untersuchungen ergebnislos geblieben sein. Die erhebliche Umweltradioaktivität am 12. September 1986 und die Deutung der offiziellen Stellen dieser Radioaktivität als „Anstieg natürlichen Radongases" erwähnen die Unterzeichner nicht. Auch die Wissenschaftler, die in der niedersächsischen Kommission andere Positionen vertreten haben, kommen nicht zu Wort. Auf die Diskussionen, die unterschiedlichen Stellungnahmen, Berichte und Publikationen, die im Rahmen der Kommissionsarbeit erstellt wurden, wird nicht mehr eingegangen.

Prof. Wichmann und **Prof. Greiser** bestreiten überdies in ihrem Bericht die Einzigartigkeit der Leukämiehäufung bei Geesthacht. Sie vermuten, es könne sich möglicherweise um eine Zufallserscheinung handeln.

„Als letzte Erklärungsmöglichkeit kommt somit nach dem Ausschluss aller bekannten Risikofaktoren nur noch in Betracht, dass die beobachtete Häufung der kindlichen Leukämien im Umfeld der Nuklearanlagen von Geesthacht nicht durch bekannte Ursachen erklärt werden kann und in diesem Sinne zufällig zustande gekommen ist" (S. 17 des Berichts) ...[28] *(Unterstreichung von ML)*

Ein anderer Erklärungsansatz lautet:

„Da allerdings die Neuerkrankungsrate bis zum Jahr 2003 erhöht geblieben ist, ist ebenfalls nicht auszuschließen, dass nicht alle lokalen Risikofaktoren ausgeschaltet werden konnten oder dass in der betroffenen Wohnbevölkerung eine besondere Leukämieempfindlichkeit vorliegen könnte."[29]

Die **Bürgerinitiative** fühlt sich verhöhnt:

„Es soll also womöglich an den Leuten selbst liegen, dass ihre Kinder erkranken! Spätestens diese Erkenntnis ‚epidemiologischer Spitzenforschung' stellt eine groteske Verhöhnung der betroffenen Familien dar und macht klar, dass ergebnisoffene Untersuchungen nicht erwünscht gewesen sind."[30]

Der Bericht wird von den keinem einzigen der zahlreichen Mitglieder der niedersächsischen Kommission mit unterzeichnet.

Das Fazit lautet: **Kein ursächlicher Verdacht!**

"Bei Betrachtung aller Einzelergebnisse aus allen Untersuchungsansätzen muss festgestellt werden, dass zwar einzelne Missstände entdeckt und behoben wurden, aber keine zwingenden Belege für den naheliegenden Verdacht gefunden werden konnten, es gäbe einen ursächlichen Zusammenhang zwischen den bei Kindern aus dem 5-km-Radius um die Nuklearanlagen von Geesthacht gehäuft auftretenden Leukämiefällen und den Emissionen dieser Anlagen beim bestimmungsgemäßen Betrieb."[31]

Wir fragen Prof. Wichmann, woher denn seiner Meinung nach die hohe Belastung mit Radioaktivität komme, woher der Staub und die Kügelchen, die gefunden wurden. Der Vorsitzende der Untersuchungskommission Niedersachsen, Prof. Erich Wichmann, äußert dazu in einem Interview:

"Möglicherweise aus den oberirdischen Kernwaffenversuchen bzw. dem Reaktorunfall von Tschernobyl."

Eine Erklärung dafür, weshalb die hohe Strahlenbelastung offensichtlich nur 5 km um das KKW Krümmel und die GKSS auftreten und nicht in ganz Deutschland, hat er nicht.

2004: Die Akten werden geschlossen

Die Landesregierung Schleswig-Holstein schließt 2004 nach dem Rücktritt der fünf Kommissionsmitglieder die Akte Elbmarsch auch offiziell und erklärt einen Atomunfall für absurd und abwegig. Offiziell wird das „Untersuchungsprogramm Leukämie in der Gesamtgemeinde Elbmarsch – Fragestellungen, Ergebnisse, Beurteilungen" beendet. Und auch Niedersachsen zieht einen Schlussstrich. Hier lautet die offizielle Verlautbarung der Regierung vom 10.12.2004:

„Kein ursächlicher Zusammenhang zwischen Leukämiehäufung bei Kindern und dem Betrieb des GKSS-Forschungszentrums und Kernkraftwerks Krümmel erkennbar."

Die Tatsache aber bleibt bestehen: Nirgendwo erkranken und sterben so viele Kinder an Leukämie wie in der Elbmarsch – weltweit.

Prof. Wolfgang Hoffmann, Epidemiologe:

„Es ist das größte raum-zeitliche Cluster, wie wir so eine Anhäufung von Fällen nennen, das bisher in der internationalen wissenschaftlichen Literatur beschrieben worden ist."

Dennoch: Keine der Untersuchungen der Landesregierungen von Niedersachsen und von Schleswig-Holstein hat die Ursache dafür gefunden. Bis heute nicht. Obwohl der Tatbestand an sich von keinem Wissenschaftler bestritten wird, gibt es keine plausible Erklärung für die vielen kranken Kinder.

Die Länderregierungen und -behörden erklären eine Untersuchung für abgeschlossen, die mehr Fragen offenlässt, als sie geklärt hat. Das ZDF und Mona Lisa wie die gesamte Öffentlichkeit werden genau an dieser Stelle hellhörig.

Da legt eine Kommission nach über 12 Jahren die Arbeit nieder mit der Begründung der Mitglieder, sie seien von behördlicher Seite in ihren Ermittlungen behindert worden. Dieselben Behörden erklären einige Monate später, dass die Ermittlungen beendet seien und es keinen weiteren Erklärungsbedarf gebe. Die Bedenken der Wissenschaftler werden offenbar nicht ernst genommen. Die Tatsache, dass die Kinder in der Elbmarsch erkranken, wird als Tatbestand wahrgenommen, aber von behördlicher und Regierungsseite wird ihr nicht weiter nachgegangen. Die Regierungen lassen diesen Tatbestand auf sich beruhen. Alle Fragen bleiben offen. Das empört die Betroffenen und macht ML Mona Lisa aufmerksam.

> **Die Pressemeldungen 2004**
>
> über den Rücktritt der Experten, der dann in der Folge die Auflösung der Kommission nach sich zog, machten uns erst richtig stutzig. Mit gesundem Menschenverstand ausgestattet, fragten wir uns: Warum hatte diese wichtige Untersuchung so lange gedauert? Warum fühlten sich die Experten behindert? Woher kommt dann die nachgewiesene Radioaktivität? Welche Dinge sollten nicht ans Tageslicht kommen? Was ist dran an den Vermutungen?
>
> 2004 beginnt Mona Lisa zu recherchieren.

Auf sich allein gestellt

Von offizieller Seite sind mit der Auflösung der beiden Kommissionen im Jahr 2004 die Akten geschlossen. Von dieser Seite kann also keine Aufklärung mehr kommen. Von dieser Seite gibt es offenbar kein Interesse daran, die Fragen zu klären.

Die Bevölkerung der Elbmarsch und die Bürgerinitiative Leukämie aber geben sich damit nicht zufrieden. Sie wollen Aufklärung. Sie sind nun auf sich allein gestellt und bemühen sich ohne Unterstützung der Landesregierung in Schleswig-Holstein, die bis 2005 von Grünen und SPD, seit 2005 von CDU und SPD gestellt wird, und ohne die Unterstützung der CDU/FDP-Landesregierung in Niedersachsen um Aufklärung.

Selbstfinanzierte Erdprobenentnahme durch die Bürgerinitiative und IPPNW

Dreh- und Angelpunkt scheinen die Kügelchen im Boden der Elbmarsch zu sein. Die Bürgerinitiative will endlich Gewissheit haben, was es mit diesen Kügelchen, die zum ersten Mal im Jahr 2000 gefunden wurden, auf sich hat.

So werden am 20. Dezember 2004 auf Veranlassung und auf Kosten der Bürgerinitiative Leukämie und der Organisation „Internationale Ärzte für die Verhütung des Atomkriegs" (IPPNW) erneut Erdproben für eine Analyse genommen. An unterschiedlichen Stellen – in der Waldschule direkt am Zaun zu GKSS und an einer weiteren Stelle auf der niedersächsischen Seite in Tespe – werden Sedimentproben genommen. Denn die Menschen wollen nun endlich wissen, wie ihr unmittelbarer Lebensraum aussieht. Sie wollen wissen, ob die Ursache für die Leukämie im wahrsten Sinne des Wortes vor ihrer Haustür liegt. Das ZDF begleitet die Untersuchung.

Unter juristischer Aufsicht werden die Probenbehälter versiegelt. Jede einzelne Probe wird in ein kleines Tütchen gesteckt, der Ort der Entnahme wird notiert. So sollen sie eingeschickt werden, damit sie analysiert werden können. Ein letzter Aufkleber „ML Mona Lisa" zeigt unsere Beteiligung. Die gesamte Probenentnahme wird von Kameras begleitet. Ein renommiertes Institut, das Frankfurter Institut für Mineralogie an der Johann Goethe Universität, sagt zu, die Bodenproben auf Radioaktivität zu untersuchen. Der wissenschaftliche Mitarbeiter des Instituts Dr. Alexander Gerdes ist bei der Probenentnahme anwesend und will die Untersuchung in den nächsten Tagen selbst durchführen.

Plötzliche Absage

Nur zwei Tage später wird aus der ursprünglichen Zusage eine Absage. Der Leiter des Instituts, Professor Brey, lässt mitteilen, dass er mit „der Kügelchen-Geschichte nicht in Zusammenhang gebracht werden möchte".

Was ist geschehen? Der wissenschaftliche Mitarbeiter Dr. Gerdes, der die Proben im Auftrag der Bürgerinitiative und der Ärzte bereits entnommen hatte und eigentlich nun die Untersuchung durchführen will, hat anscheinend den Institutsleiter über die brisanten Kügelchen nicht informiert. Nun scheint es Schwierigkeiten zu geben. Denn als er seinem Chef gegenüber die „Kügelchen-Geschichte" erwähnt, pfeift der ihn offenbar zurück. Mona Lisa wird mitgeteilt, dass das Institut keine von der Bürgerinitiative, den Ärzten gegen Atomkrieg und uns initiierte Untersuchung machen wolle, sondern nur bereit sei, eine Untersuchung durchzuführen, wenn diese offiziell in die Wege geleitet werde.

„Ich habe gerade mit meinem Chef, zum ersten Mal nach der Probennahme, über alles gesprochen. Er sieht die ‚Kügelchen'-Geschichte als sehr problematisch an und möchte, dass wir nur auf dem offiziellen Weg etwas damit zu tun haben."[32]

Weiter lässt der Institutsleiter in seiner plötzlichen Ablehnung der Untersuchung möglicher Kügelchen erklären:

„Das heißt, wenn Sie an einer Untersuchung dieser Kügelchen interessiert wären, würde er Sie bitten, sich an das BKA bzw. die Polizei zu wenden. Die könnten dann eine offizielle Untersuchung an uns weitergeben. Wir hätten die Ausstattung, diese Kügelchen zu untersuchen. Sollte wirklich etwas an der Geschichte dran sein, muss es eine offizielle Untersuchung dazu geben. Die Brisanz der Problematik ist einfach zu hoch."[33] *(Unterstreichung durch ML)*

Das ist ein überraschender Sinneswandel in nur zwei Tagen. Wir vermuten, dass der Institutsleiter nicht über Nacht und aus eigenem Antrieb interveniert hat und darauf hinwirkt, dass die Zusage auf Untersuchung der Bodenprobe auf Radioaktivität und auf mögliche Kügelchen zurückgenommen wird. Hat er sich mit jemandem beraten? Denn seine Aufforderung, wir sollten uns an das Bundeskriminalamt wenden, lässt vermuten, dass die Institutsleitung davon ausgeht, die Ergebnisse einer Analyse könnten etwas zutage fördern, das für die staatlichen Ermittlungs- und Verfolgungsorgane von Interesse sein könnte.

Wie lässt sich das erklären?

Mit dem Ziel, alle Parteien nach der Auflösung der Untersuchungskommissionen erneut an einen Tisch zu bringen, hat das ZDF auch mit dem Leiter der Reaktorsicherheit in Schleswig-Holstein, Dr. Cloosters, Kontakt aufgenommen – der sich interessiert zeigt. Er wird zur Entnahme der Bodenprobe am 20. Dezember 2004 eingeladen. Der Vertreter der staatlichen Atomaufsicht macht allerdings seine Teilnahme davon abhängig, dass er im Vorhinein darüber informiert wird, welches Institut die Untersuchungen durchführen wolle. Mona Lisa teilt ihm mit, dass das Frankfurter Institut für Mineralogie das untersuchende Institut sei. Einige Tage später, noch vor dem 20. Dezember, sagt er seine Teilnahme ab. So ist also weder der Leiter Dr. Cloosters noch ein anderer Mitarbeiter der Aufsichtsbehörde bei der Probenentnahme dabei, mit der überraschenden Begründung, das sei alles nicht „zielführend".

Der Versuch von Mona Lisa, nach der Auflösung der Kommissionen mit allen Beteiligten und den Vertretern verschiedener Seiten gemeinsam die Untersuchungen wieder aufzunehmen und weiter voranzutreiben, ist gescheitert.

Eine merkwürdige Untersuchung in Frankfurt

Der wissenschaftliche Mitarbeiter Dr. Gerdes untersucht zwar sechs Wochen später – am 4. Februar 2005 – die Bodenproben im Institut in Frankfurt auf Radioaktivität. Dabei ist jedoch vom Institut deutlich gemacht worden, dass wir – sollten Kügelchen gefunden werden – diese nicht zeigen dürfen, da der Institutsleiter Professor Brey sein Institut nicht in Zusammenhang gebracht sehen möchte mit „möglichen Kügelchen".

Mona Lisa ist mit Kameras bei der Analyse der Bodenprobe im Institut dabei. Und es sieht zuerst so aus, als ob nichts auffällig sei. Der Boden wabert unter der Kamera, als sei er flüssig. Dr. Gerdes findet, wie er sagt, nur eine Probe, die leicht erhöht ist. Sie hat ungefähr die doppelte Menge Plutonium. Mehr, so sagt der Fachmann zu uns, habe er nicht gefunden. Er habe vor allem auch keine Kügelchen gefunden. Und in der Tat: In dem wabernden Sediment ist zunächst nichts sichtbar. Denn der Wissenschaftler hatte, wie er später in einer E-Mail mitteilt, die Probe zu Untersuchungszwecken mit Alkohol versetzt. Nach einiger Zeit, nachdem der Alkohol verdunstet, erleben wir eine Überraschung:

Als wir nämlich einen Blick durch das Mikroskop werfen, entdecken wir auf Anhieb Kügelchen – und zwar viele, 50-100 Stück. Wir weisen den Geologen Dr. Gerdes vor laufender Kamera darauf hin und stürzen den Wissenschaftler offenbar in eine peinliche Situation. Er muss zugeben, dass dort zwar Kügelchen sichtbar seien, meint aber – ohne sie untersucht zu haben:

> *„Aber das sieht sehr natürlich, sehr normal aus. Das kann man auch gerne, wie gesagt, analysieren. Da wird man nichts Seltsames finden."*[34]

Es scheint fast so, als hätte er nichts finden dürfen. So finden und filmen wir zwar Kügelchen in dem Boden aus der Elbmarsch – aber genau dies hat offenbar nicht sein dürfen.

Zwei Tage später, am 8. Februar 2005, wird dem ZDF untersagt, diese Sequenz, in der die Kügelchen unter dem Mikroskop sichtbar werden, zu senden. Dr. Gerdes schreibt:

> *„Professor Brey erwartet übrigens, nichts von den Kügelchen in der Sendung zu hören/sehen."*

Umkehrung des Sachverhaltes

Da der Institutsleiter dem ZDF mit rechtlichen Schritten droht, wenn die Sequenz in der Dokumentation gezeigt würde, schneiden wir diese Szene heraus. Gleichzeitig hatte der Institutsleiter seinem Mitarbeiter auch die Untersuchung der Kügelchen untersagt.

Aber genau diese nicht stattgefundene Untersuchung des Frankfurter Instituts wird später in zweierlei Hinsicht fälschlich zitiert: Für die GKSS wird sie zum Anlass genommen für ein Schreiben, das die Mitarbeiter darüber informiert, es habe ein deutsches Institut gegeben, das Untersuchungen durchgeführt habe. Diese Untersuchungen seien negativ gewesen. Dabei handelt es sich um eben dieses Frankfurter Institut: Eine Analyse der separierten Kügelchen aus der von uns eingereichten Erdprobe ist dort jedoch nicht vorgenommen worden.

Seitenwechsel?

Heute arbeitet der Geologe Dr. Gerdes im Auftrag des Atomforschungszentrums GKSS und analysiert im Labor der Universität Frankfurt für seinen neuen Auftraggeber. Seine Ergebnisse: keine Auffälligkeiten.[35]

Nach der Sendung der ersten ML-Dokumentation „Und keiner weiß, warum" im April 2006 erhält das ZDF auch einen Brief aus Schleswig-Holstein, der ebenfalls unterstellt: Die Untersuchung, die nicht stattfand, hätte ein für die Regierung entlastendes Ergebnis gezeigt. Zum anderen wird ML Mona Lisa vorgeworfen, diesen Teil, den zu senden uns ausdrücklich von der Institutsleitung untersagt wurde, verheimlicht zu haben.

Die Sozialministerin **Dr. Gitta Trauernicht**:

"Dabei ist bemerkenswert, dass die von der Universität Frankfurt in Ihrem Auftrag durchgeführten Untersuchungen zu keiner Auffälligkeit geführt haben, Sie dieses Ergebnis aber unerwähnt lassen."[36]

Verschwiegen wird in diesem Brief der Ministerin, dass im Beisein von Dr. Gerdes vor laufender Kamera Kügelchen gefunden wurden, er **diese Kügelchen aber nicht untersuchen durfte** ohne Auftrag der Ermittlungsbehörden. Das Institut hat also Bodenproben untersucht, aber es hat nicht die in der Bodenprobe enthaltenen Kügelchen untersucht.

Trotzdem wird die Frankfurter Untersuchung, die die Kügelchen nicht untersucht hat, bis heute herangezogen und als Beweis zitiert, dass im Boden nichts gefunden worden sei. Die Untersuchungen, wie es zu den Kinderleukämien in der Elbmarsch gekommen ist, bleiben weiterhin eingestellt.

Mittlerweile sind 18 Kinder und Jugendliche erkrankt.

Vergebliche Suche nach einem Institut

Das Frankfurter Institut lehnt es also bis heute ab, die in der Bodenprobe enthaltenen Kügelchen zu untersuchen. Wir geben nicht auf und wollen ein anderes Institut beauftragen, den Boden und die Kügelchen von der Elbe auf radioaktive Inhalte zu untersuchen. Die Bürgerinitiative, die Ärzte gegen den Atomkrieg IPPNW, begleitet von Mona Lisa, wollen nun endlich eine fundierte Analyse: Aus was bestehen diese Kügelchen, die nachweislich überall in der Nähe der GKSS zu finden sind?

Der Beweis der Existenz der Kügelchen allein ist nicht genug. Denn immer wieder werden die Menschen, die auf Aufklärung dringen, mit dem Hinweis konfrontiert, sie seien „harmlos, diese Kügelchen". Wenn sie so harmlos sind, warum wird das dann nicht wissenschaftlich, methodisch sauber und nachvollziehbar analysiert?

Neben dem Frankfurter Institut gibt es einige Institute in Deutschland, die in der Lage sind, diese komplizierten Laboruntersuchungen durchzuführen. Häufig werden diese Labore von der Atomindustrie selbst beauftragt. Wir wollen ein gutes Institut finden, um die besten und objektivsten Ergebnisse zu erhalten.

Insgesamt schreiben wir 17 anerkannte Institute im In- und Ausland an, mit der Bitte, die in den Bodenproben der Elbmarsch enthaltenen Kügelchen auf radioaktive Inhalte zu analysieren. Und wir bekommen 17 Absagen. Obwohl wir nach den ersten Absagen vorsichtig werden und bei den späteren Anfragen nicht mehr erwähnen, um welche Art Bodenproben es sich handelt, und auch die Herkunft verschweigen, will kein Labor diese Analyse vornehmen.

Die einhellige ablehnende Haltung scheint uns nicht zufällig. Auch die Verantwortlichen der Universität Sellafield, die erst zusagten und einen Kostenvoranschlag erstellten, bekommen offenbar kalte Füße. Die Geschäftsführung des englischen Instituts zieht ihre Zusage zurück.

Warum tun sich die Labore so schwer, wenn es um die Problematik „Elbmarschleukämien" geht?

Dr. Hajo Dieckmann, Internationale Ärzte für die Verhütung des Atomkriegs (IPPNW)**:**

„Labors sind in aller Regel abhängig von Aufträgen der Atomindustrie oder von Aufträgen, die international vergeben werden, zum Beispiel durch die ‚Internationale Atom-

energie-Organisation'. Die Labors exponieren sich, wenn sie Befunde bestätigen, und werden häufig abgestraft in der Folgezeit durch Verlust an Aufträgen."

Die Labore, an die wir uns gewendet haben, scheinen offensichtlich genau diese Angst zu haben. Sie sind abhängig von den Geldern ihrer Auftraggeber – der Atomindustrie. Viele Labore sind staatliche Einrichtungen und gehören zu den Instituten der Universitäten. Diese wissenschaftlichen Institute aber können durch die Mittel der Universitäten in der Regel ihre Arbeit nicht finanzieren. Sie sind abhängig von sogenannten Drittmitteln. Drittmittel ist der Ausdruck für Gelder, die aus anderen, „dritten" Quellen bezogen werden. Das sind normalerweise wirtschaftlich orientierte Unternehmen. Mit diesen Drittmittel-Geldern finanzieren die Institute bestimmte Forschungsaufträge und das dazu nötige Personal. Das Geld ist häufig an konkrete Forschungsaufträge gekoppelt. Wenn Labore also Aufträge verlieren, so verlieren sie auch das Personal – und setzen letztlich ihre Existenz aufs Spiel. Die Verantwortlichen der Institute und Labore entscheiden also, wenn sie über die Annahme oder Ablehnung eines möglicherweise brisanten Auftrags entscheiden müssen, auch über ihre persönliche wirtschaftliche und berufliche Existenz.

In dieser Bredouille stecken offenbar alle 17 Institute, deren Verantwortliche sich für ihr gesichertes Einkommen entscheiden. Sie erteilen unserem Auftrag eine Absage oder lassen unsere Anfrage ohne Antwort. Darunter sind:

- University of Tel Aviv, Mass Spectometry Laboratory, Faculty of Exact Science – **keine Antwort**
- Universität von Bologna – **keine Antwort**
- Paul Scherrer Institut, Institut für Radiochemie, Villigen PSI, Schweiz – **keine Antwort**

- NRG Technology for Energy, Environment and Health, Niederlande – **keine Antwort**
- Health Protection Agency, Centre of Radiation, Chemical and Environmental Hazards – **keine Antwort**
- School of Chemistry, University of Manchester – **keine Antwort**
- Faculty of Engeneering and Physical Science, University of Manchester – **Absage**
- Phillips-Universität, Fachbereich Chemie, Fachbereich Chemie – Kernchemie, Marburg – **Absage**
- Westlake Research Institute – **Absage**
- Harwell, International Business Centre for Science and Technology – **keine Antwort**
- Department of Chemestry, Harry Reid Centre, University of Nevada, Las Vegas, USA – **Absage**
- SIPRI Stockholm International Peace Institute, SOLNA, Schweden – **Absage**
- NIRAS Labor für Messungen von Radioaktivität. Jetzt: AMEC NNC Nuclear Holdings Limited – **keine Antwort**
- Center for Ecology and Hydrology CEH, Lancaster – **keine Antwort**

Ergebnisse der mineralogischen Analyse Weinheim

Wir geben nicht auf, wollen uns dem nicht greifbaren, aber doch spürbaren Druck nicht beugen. Ein privates geologisches Labor bei Weinheim erklärt sich schließlich bereit, zunächst eine mineralogische Analyse der Proben durchzuführen.

Dr. Werner Fuhrmann von GeoLab kann in dem versiegelten Material Kügelchen nachweisen. Er erläutert uns sein Untersuchungsergebnis zuerst am Mikroskop:

Dr. Werner Fuhrmann, Mineraloge bei GeoLab:

„Diese Kügelchen sind nicht natürlicher Entstehung. In diesem Sand waren Teile oder Komponenten zu sehen, die ganz eindeutig in dieses Sediment nicht hineingehören ... Bruchstücke, schwarz-metallisch glänzend, und dann vor allem diese Kügelchen."

Mit Hilfe eines Magneten demonstriert Dr. Fuhrmann, dass diese Kügelchen einen metallischen Mantel haben. Das Material wird vom Magneten angezogen und klebt fest.
    Der Geigerzähler piept und misst Radioaktivität. Dr. Fuhrmann erläutert die Ergebnisse. Die Radioaktivität war bei manchen Proben fünfmal so hoch wie das normale Grundstrahlungsniveau.

Dr. Fuhrmann:

„... und zwar so, dass es in bestimmten Proben bis zur fünffachen Höhe über dem normalen Grundstrahlungsniveau aufgetreten ist."

Das ist ein Indiz dafür, dass der Boden radioaktiv belastet ist. Radioaktivität ist messbar, bei diesen Bodenproben aber einem konkreten Material zuzuordnen. Einem Material, das magnetisch ist – den Kügelchen. Doch welche Gefahr von den Kügelchen tatsächlich droht, das kann nur die Analyse des inneren Kerns leisten. Dafür müssen die Kügelchen „aufgeschlossen" werden, so lautet der Fachbegriff für die chemische Analyse eines Stoffes.
    Nach den Absagen, die wir auf die Anfrage erhalten haben, die Bodenproben zu analysieren, gehen wir davon aus, dass es

nicht leichter werden wird, ein Institut zu finden, das nun gezielt an die Analyse der Inhaltsstoffe der Kügelchen gehen wird. Denn immerhin haben wir durch die Untersuchungen von Dr. Fuhrmann erneut Hinweise darauf erhalten, dass der Boden der Elbmarsch radioaktiv belastet ist. Alles scheint wiederum auf die Kügelchen als Verursacher der Radioaktivität und der Leukämiefälle zu deuten.

Nur wenige Laboratorien können eine solch aufwendige Untersuchung durchführen. Nachdem wir beim Versuch, die Bodenproben der Elbmarsch untersuchen zu lassen, auf offene Ablehnung gestoßen sind, versuchen wir es erneut. Dieses Mal aber verschweigen wir von vornherein den Ort der Entnahme und machen uns wieder auf die Suche nach einem Labor.

Beweis aus Minsk: Kügelchen sind radioaktiv

Radioaktives Material ist nicht natürlichen Ursprungs

Professor Vladislav Mironov von der „Internationalen Sacharow-Umwelt-Universität" in Minsk nimmt den Auftrag an. Seit dem Reaktorunfall in Tschernobyl betreibt man an der Sacharow-Universität umfangreiche Forschung über radioaktive Kontamination und verfügt über weltweit anerkannte Kompetenz. Die Universität ist nach dem berühmten russischen Physiker Andrej Sacharow benannt, der in den 1980er Jahren zudem durch seinen demokratischen Widerstand weltweit Ansehen erlangte.

Mironov ist Professor der Kernphysik und ein Experte auf dem Gebiet der Plutonium-Bestimmung. Er hat Arbeiten für die UNESCO, die EU-Kommission oder auch für die Europäische Atomgemeinschaft übernommen. Er ist ein vertrauenswürdiger Wissenschaftler, dem von Befürwortern und Gegnern der Atomkraftnutzung in gleicher Weise Kompetenz zuerkannt wird.

Professor Mironov sagt zu, die Untersuchungen der Bodenproben im Auftrag der Bürgerinitiative gegen Leukämie und der Ärztevereinigung IPPNW durchzuführen.[37] Er weiß nicht, woher die Proben stammen. Er wird auch nicht über die bisherige, kontrovers verlaufene Debatte über die Kontaminationen in der Umgebung der Geesthachter Anlagen informiert. Auf diese

Weise kann Professor Mironov ohne Voreingenommenheit arbeiten.

Wir sind gespannt. Nach sechs Wochen erhalten wir die Nachricht, dass wir auf das endgültige Ergebnis noch einmal weitere drei Monate werden warten müssen. Rund sechs lange Monate dauert es schließlich, bis die Ergebnisse der Analyse von vier der unter Aufsicht versiegelten Proben feststehen. Am 21. Dezember 2005 ist der Bericht fertig. Das Resultat ist eindeutig und eine Sensation. Denn der Messbericht der Universität Minsk beweist die Radioaktivität in den in der Umgebung der GKSS aufgefundenen Kügelchen.

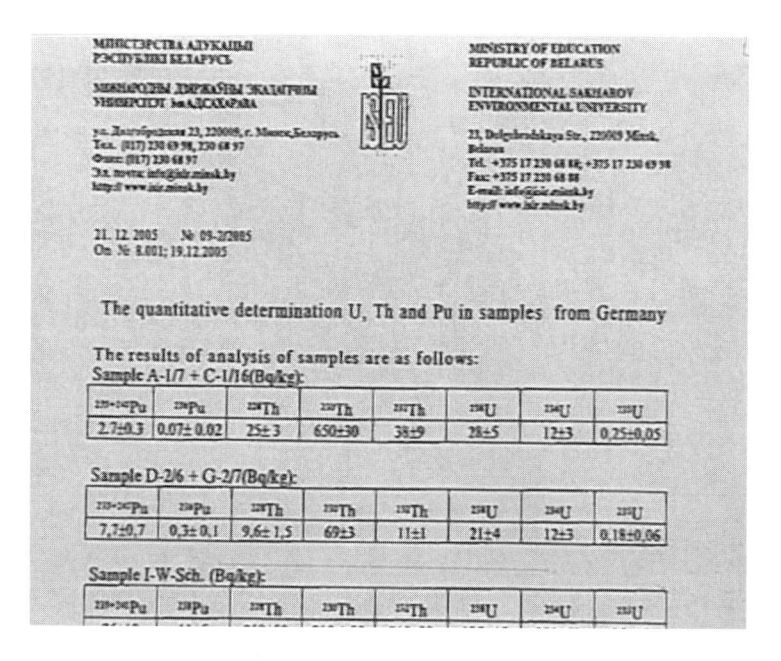

Abbildung 10: Der Bericht von Prof. Mironov, der die Radioaktivität der Kügelchen beweist.

Prof. Vladislav Mironov, Kernphysiker:

„Das hier festgestellte Isotopenverhältnis ist auf jeden Fall künstlich und kommt so in der Natur nicht vor. Es stammt weder vom GAU in Tschernobyl noch von den Atombombentests. Die Quelle, woher die Kontamination kommt, das sollten Sie versuchen, in Deutschland zu klären."

Das sensationelle Ergebnis aus Minsk
- Die Kügelchen sind nicht natürlichen Ursprungs.
- Die Kügelchen sind radioaktiv.

Bestätigung der Radioaktivität durch deutsche Wissenschaftler

Vorsichtig geworden durch die Wand der Ablehnung, vor der wir bei der Suche nach einem Labor für die Untersuchung der Bodenproben gestanden hatten, gehen wir diesmal anders vor. Wir legen diese Werte deutschen Kernphysikern vor. Sie sollen die Daten aus Minsk aus ihrer Sicht bewerten. Die Experten wissen aber nicht, woher das in Minsk analysierte Material stammt. Auch ihre Beurteilung ist eindeutig:

Zitat:

„Die Proben enthalten teils angereichertes, teils abgereichertes und damit künstlich bearbeitetes Uran."

Und ein weiterer Physiker stellt fest:

Zitat:

"Die Quelle der Radioaktivität kann nur von einem Reaktor oder einer Wiederaufbereitungsanlage kommen. Über so hohe Thorium- und Plutoniumwerte in Deutschland sollte man sich wundern."

Als diese Wissenschaftler erfahren, dass es sich hier um Material aus der Elbmarsch handelt, wollen sie anonym bleiben. Die beiden sind prominente deutsche Physiker, deren Namen Mona Lisa bekannt sind, die sie aber nicht nennen kann. In der Branche scheint niemand offen sprechen zu wollen. Der Fall, den es nach Ansicht der Landesbehörden und der Betreiber der Atomanlagen in der Elbmarsch nicht gibt, scheint zu brisant, als dass ein deutscher Wissenschaftler damit in Zusammenhang gebracht werden möchte.

Und doch bestätigen die beiden Wissenschaftler die Ergebnisse der Messungen von Professor Mironov aus Minsk:

Was im Boden der Elbufer liegt, ist von Menschenhand gemachtes radioaktives Material.

Kügelchen kein Fallout

Auch der Kernphysiker Dr. Schalch von der Universität Gießen ist davon überzeugt. Anhand der Verhältnisse der Plutonium-, Uran- und Thoriumwerte aus der Minsker Analyse stellt er fest:

Dr. Dirk Schalch, Leiter Zentrale Strahlenschutzgruppe, Universität Gießen:

„Hier ist es so, dass die Ergebnisse von Professor Mironov sehr eindeutig zeigen, sie kommen nicht aus dem Fallout, sie kommen nicht von Tschernobyl."

Fallout nennt man radioaktives Material, das nach einer Freisetzung in die Atmosphäre (z.B. durch Kernwaffentest, Unfall) auf die Erde zurückfällt. Der Fallout tritt in zwei Formen auf:

Der **Nah-Fallout** besteht aus den schwereren Teilchen, die innerhalb von einigen Tagen in der Nähe des Freisetzungsortes und in einem Gebiet, das je nach den Wetterbedingungen bis zu mehreren hundert Kilometer windabwärts liegt, zur Erde fallen.

Der **weltweite Fallout** besteht aus leichteren Teilchen, die in höhere Atmosphärenschichten gelangen und die sich durch atmosphärische Strömungen über einen weiten Teil der Erde verbreiten. Sie gelangen dann hauptsächlich zusammen mit Niederschlägen in Zeiträumen zwischen Monaten und einigen Jahren zur Erde. [38]

Nicht nur der in der Atommesstechnik erfahrene Wissenschaftler stellt sich die Frage:

Dr. Dirk Schalch:

„Warum liegen die Kügelchen in der Umgebung von Geesthacht? Man deckt das ja gerne zu mit Tschernobyl oder mit dem Fallout von den Kernwaffentests. Ja, dann müssten die Kügelchen doch über ganz Deutschland verteilt sein ... sind sie aber nicht."

Wissenschaftler können feststellen, woher ein Fallout kommt. Denn jedes Kernkraftwerk hat einen „Footprint". So wie die Identität eines Menschen durch seinen Fingerabdruck ermittelt werden kann, so kann man auch die Spuren, die ein KKW hinterlässt, zuordnen. Anhand der Isotope des Fallouts lässt sich feststellen, von welchem Kraftwerk ein Isotop kommt. Auch das Argument, möglicherweise handele es sich um die Kernwaffen-Fallouts der 1950er Jahre, ist leicht zu entkräften: Denn dieser Fallout war niemals in Kügelchen vorhanden. Zudem zog die Wolke von Tschernobyl nicht über Geesthacht. Von der damaligen Fallout-Wolke gibt es Karten, die das zeigen.

Warum wird ein Fallout als Erklärung bemüht, wenn das so leicht entkräftet werden kann?

Pressekonferenz der Bürgerinitiative mit den Minsker Ergebnissen 2006

Die Bürgerinitiative stellt die Ergebnisse von Professor Mironov aus der Universität Sacharow aus Minsk am 31. März 2006 in einer Pressekonferenz vor. Die Regierung Schleswig-Holsteins stellt diese Ergebnisse allerdings erneut in Frage. Gitta Trauernicht – auch im seit April 2005 von Ministerpräsident Peter Harry Carstensen geführten Kabinett der Großen Koalition Ministerin für Soziales, Gesundheit, Familie und Senioren – ist immer noch zu keiner Stellungnahme bereit. Die Bitte des ZDF um ein Interview beim zuständigen Ministerium in Schleswig-Holstein schlägt man ab. Man stehe Mona Lisa „in dieser Sache nicht für Interviews zur Verfügung". Die Ministerin hatte 2004 kategorisch verkündet (siehe S. 63), es handele sich bei den Funden um harmlose Kügelchen. Die schleswig-holsteinische Regierung hatte 2004 veröffentlicht, dass sie die Kügelchen für harmlos hält und dass nichts darinnen sei. Mit den neuen Ergebnissen will man sich offenbar nicht auseinandersetzen.

Im betroffenen Landkreis Harburg aber nimmt man die Untersuchungsergebnisse aus Minsk sehr ernst. Der Bereichsleiter Gesundheit, Reiner Kaminski, meint dazu:

„Vor diesem Hintergrund halten wir es für erforderlich, dass weitere Untersuchungen durchgeführt werden. Wir werden uns daher mit dem Land Schleswig-Holstein, dem Land Niedersachsen und dem Bundesumweltministerium in Verbindung setzen, um anzuschieben, dass diese Untersuchungen weitergeführt werden."[39]

Und keiner weiß, warum –
die Folgen einer Dokumentation

Die ML Mona Lisa-Dokumentation über die unerklärliche Häufung der Leukämieerkrankungen in der Elbmarsch wird am 2. April 2006, nachts um 23.30 Uhr unter dem Titel „Und keiner weiß, warum – Leukämietod an der Elbe" zum ersten Mal gesendet. Eine Woche später, am 9. April 2006, wird der Film im Infokanal wiederholt. Beide Male mit unglaublichem Erfolg. Die ML Mona Lisa-Dokumentation hat die höchsten Einschaltquoten auf beiden Sendeplätzen, die es auf diesen Sendeplätzen je gab.

Am 8. Juni 2006 wird die Dokumentation auf 3Sat um 21.30 Uhr unter dem Titel „Und keiner weiß, warum … Leukämietod in der Elbmarsch" wiederholt. Am 31. August 2006 wird sie um 21.45 Uhr in Phönix ausgestrahlt.

Das Echo der Zuschauer auf die Sendungen ist stark. Viele Zuschauerinnen und Zuschauer schreiben Mails und fragen, ob es eine Möglichkeit gebe, die Arbeit zu unterstützen.

Auch die schleswig-holsteinische Landesregierung schreibt Mona Lisa nach der Sendung:

„Wie Sie wissen sollten, hat die Landesregierung seit 1990 mit Hilfe von Sachverständigen zahlreiche außerordentlich intensive Untersuchungen zur Klärung der Leukämiefälle in der Elbmarsch durchgeführt; denn der Schutz von Menschen vor gesundheitlichen Gefährdungen hat für die Landesregierung absoluten Vorrang. Insbesondere die Behauptung, die

Elbmarsch sei weitrangig mit radioaktiven Kügelchen verseucht, ist Gegenstand umfassender Untersuchungen gewesen. Diese Behauptung ist nach Abschluss aller Untersuchungen vollkommen unhaltbar. Dies ist auch das Ergebnis der Ermittlungen der Staatsanwaltschaft Lübeck, die bei einem von Ihnen zitierten Zeugen Proben beschlagnahmen ließ. Mit Bedauern mussten wir feststellen, dass Sie mit Ihrer Reportage einen gegenteiligen Eindruck zu erwecken versuchten. Dabei ist bemerkenswert, dass die von der Universität Frankfurt in Ihrem Auftrag durchgeführten Untersuchungen zu keiner Auffälligkeit geführt haben, Sie dieses Ergebnis aber unerwähnt lassen."[40]

Beharrlich also wird an bereits früher veröffentlichten Erklärungen festgehalten. Die Ergebnisse der Universität Minsk werden ignoriert. Wir bieten der unterzeichnenden Ministerin Gitta Trauernicht an, in einer weiteren Sendung, die sich mit den Leukämiefällen in der Elbmarsch beschäftigt und einige Monate später, am 15. Oktober 2006, gesendet wird, in einem Interview Stellung zu nehmen. Sie lehnt das erneut ab. Der Brief ist die einzige Reaktion einer Landesregierung, in deren Gebiet das höchste Leikämie-Cluster besteht, auf die neuen wissenschaftlichen Ergebnisse.

Aber viele Frauen und Männer fragen nach der Sendung an, ob sie nicht selbst – wo doch von Länderseite nichts mehr geschehe und die offiziellen Kommissionen die Sache ad acta gelegt haben – initiativ werden können. Mehrfach bieten sie an, Anzeige gegen unbekannt zu erstatten.

Aber die Staatsanwaltschaft Lübeck hat bereits zwei Untersuchungen ohne Ergebnis abgeheftet. Auf unsere Anfrage, ob sie die Ermittlungen möglicherweise wieder aufnehmen werde, wenn neue Erkenntnisse vorliegen, erhält ML die Antwort, dass nichts zu ermitteln sei. Die Akten seien geschlossen.

Es ist klar: Sollte die Staatsanwaltschaft das Verfahren wieder aufnehmen, so müsste sie den Beschluss, die Ermittlungen einzustellen, revidieren. Fürchtet die Staatsanwaltschaft damit möglicherweise einzugestehen, dass die Ermittlungen 2001 nachlässig geführt wurden?

Ein erster Schritt: Niedersächsischer Landtag, Ausschuss für Soziales, April 2006

Fernsehstunde im Landtag. Die Dokumentation „Und keiner weiß, warum" von Mona Lisa steht im Mittelpunkt einer Sitzung des Ausschusses für Soziales, Frauen, Familie und Gesundheit am 5. April 2006. Angelika Fell, eine der Autorinnen der Dokumentation ist anwesend. Die Argumente, die der Film auf den Tisch legt, und die wissenschaftlichen Ergebnisse von Professor Mironov werden in nicht öffentlicher Anhörung beraten. Das Ministerium hat einen Vertreter entsandt, der sich den Argumenten der Dokumentation stellt und die offizielle Version der Regierungsbehörden erörtert.

Das Ergebnis der Anhörung ist ermutigend:

- Alle Mitglieder wollen in Ruhe prüfen, ob es neue Erkenntnisse gibt.
- Wenn ja, so sind sie der Ansicht, müsse etwas geschehen.

Ein zweiter Schritt: Anhörung im niedersächsischen Landtag, April 2007[41]

Wieder dauert es ein Jahr. Die Aussagen von Professor Mironov sind ernst genommen worden. Der niedersächsische Landtag in Hannover will Professor Mironov persönlich befragen. Der Ausschuss für Soziales, Frauen, Familie und Gesundheit bittet Anfang April 2007 eine Reihe von Experten und Politiker aus Niedersachsen, Hamburg und Schleswig-Holstein zu einer zweitägigen Anhörung ...

Unter Ausschluss der Öffentlichkeit.[42]

Es geht wieder um die Fragen: Könnte Radioaktivität in die Umgebung gelangt sein? Gab es, wie viele der zurückgetretenen Wissenschaftler der Kommission Schleswig-Holstein vermuten, einen vertuschten Störfall? Und welches Geheimnis steckt in den winzigen Kügelchen, die im Boden auf beiden Seiten der Elbe zu finden sind?

Außer Mironov stellen weitere Fachleute ihre Forschungsergebnisse vor oder erörtern die Daten, die bisher vorliegen. Darunter auch ein alter Bekannter: Dr. Alexander Gerdes – nun im Auftrag des Atomforschungszentrums GKSS. Im Labor der Universität Frankfurt analysiert er nun Kügelchen aus dem Elbmarschboden, die er für unsere Analyse zuerst gar nicht finden durfte.

Seine Ergebnisse trägt Gerdes in der nicht öffentlichen Anhörung vor. Ein Interview über seine Resultate lehnte er dem ZDF gegenüber ab. Wie der Ausschuss auf der Pressekonferenz mitteilte, hat Dr. Gerdes nichts Auffälliges gefunden.

Im Fokus der Anhörung steht allerdings der Kernphysiker Professor Vladislav Mironov von der renommierten Internationalen Umweltuniversität in Minsk. Er hatte für diese Anhörung noch einmal neue Analysen angefertigt, die das erste Ergebnis bestätigen und differenzieren. Dem Ausschuss erläutert er die Ergebnisse seiner Untersuchungen der Kügelchen und steht nachher Rede und Antwort:[43]

Professor Vladislav P. Mironov:

„Ich habe bei der Analyse der Proben aus Deutschland radioaktives Material wie angereichertes Uran, Americium und Plutonium gefunden. Es handelt sich keinesfalls um Auswirkungen der Tschernobyl-Katastrophe, auch nicht um Folgen der überirdischen Atomtests. Es handelt sich hier eindeutig um Kernbrennstoff aus einem Reaktor, um Reaktorplutonium."

Der Professor bestätigt ausdrücklich, dass jede der untersuchten Proben eine unnatürliche Zusammensetzung aufwies, die nicht der in der Natur vorkommenden Zusammensetzung entspricht.

Die Anwesenden sind interessiert, ob sich durch die nachgewiesenen Isotope auch feststellen lassen könne, aus welcher Art Reaktor dieses radioaktive Material gekommen sein kann.

Professor Mironov:

„Ja, ausgehend von dem Isotopenverhältnis und der Präsenz solch eigentlich seltener Isotope wie Thorium."

Die ausführlichen fachwissenschaftlichen Erläuterungen lässt der anwesende Arzt Dr. Hajo Diekmann noch einmal auf den Punkt bringen. Er fragt:

„Ich verstehe Sie richtig, diese Konstellation von Isotopen, die Sie gefunden haben, kann nicht aus einem kommerziellen Reaktor stammen?"

Die Antwort des Professors aus Minsk ist eindeutig:

„Richtig ... Das kann nur aus einem Brüter stammen, wo die Produktion dieses Isotops ein Ziel ist."

Die Abgeordneten wollen nun auch von Professor Mironov wissen, ob die Unfalltheorie vor dem Hintergrund seiner Analysen die Verbreitung von Nukliden in der Umwelt erklären könne:
Auch hier ist die Antwort des Professors eindeutig:

„Die Präsenz dieser Isotope in der Umgebung solcher Betriebe ist nur durch Störfälle mit Freisetzung in den Betrieben zu erklären."

Professor Mironovs Schlussfolgerungen

- Die vorliegenden Kontaminationen können nicht von Tschernobyl stammen.
- Die Kontaminationen stammen auch nicht vom Fallout der atmosphärischen Atomwaffentests.
- Sie stammen auch nicht von einem gewöhnlichen Leistungsreaktor.
- Sie stammen aus einem Zusammenhang, in dem thermische und schnelle Neutronen vorkommen, Thorium als Brut- bzw. Brennstoff eingesetzt und Uran verwendet wird, das deutlich höher angereichert ist als der in Leistungsreaktoren verwendete Kernbrennstoff.[44]

Der Vortrag des Wissenschaftlers Prof. Mironov beeindruckt die teilnehmenden Abgeordneten:

Konrad Nabel, Mitglied des Landtags von Schleswig-Holstein stellt im Interview uns gegenüber fest, dass Mironovs Vortrag

„… sehr deutlich gemacht hat, dass seine Daten stimmen, dass sie ordentlich erhoben wurden und dass Analysemethoden verwendet wurden, die auch international Standard sind."

Dr. Bernd Grosche, Bundesamt für Strahlenschutz:

„(Der Vortrag) hat mich sehr beeindruckt, insbesondere diese ganze Bodenanalytik, dass man die in einem systematischen Weg noch mal durchführt, ich denke, das wäre sinnvoll."

Der Ausschuss kommt trotz allem nicht zu einer von allen allgemein akzeptierten Bewertung der Kügelchen. Offiziell gilt deren Herkunft und Zusammensetzung nach wie vor als ungeklärt.[45] Die Angehörigen der erkrankten Kinder sind jedoch froh, dass ihre Angelegenheiten endlich wieder offiziell wahrgenommen wurden.

Mit dieser Anhörung, so hoffen die Eltern der kranken Kinder, ist die Ursachenforschung wieder in Gang gesetzt. Das ist auch neue Hoffnung für die Bürgerinitiative und die betroffenen Eltern, die sich nach der Anhörung treffen:

Christa Rehr:

„Ich habe meinem Sohn auf dem Sterbebett versprochen nicht aufzuhören und ich bin froh, dass es jetzt weitergeht."

Eine Frage der Methode

Trotz der erneuten Anhörung: Die Aufklärung kommt nicht voran. Zwar wissen die Menschen in der Elbmarsch und auch die offiziellen Stellen, dass hier das höchste Leukämie-Cluster weltweit vorliegt, aber warum – das ist, offiziell jedenfalls, immer noch nicht geklärt.

Wie geht es nun weiter: Was liegt dem erbitterten Expertenstreit zugrunde?

Gibt es Kügelchen oder gibt es keine?

Das ist die erste Frage, über die sich die unterschiedlichen Experten seit Jahren streiten:
Denn manche streiten das ab.
Auch Mona Lisa war zu Beginn der Recherchen skeptisch, ob an der Geschichte mit den Kügelchen etwas dran ist. Aber dann haben wir die Kügelchen mit eigenen Augen gesehen. Das Verfahren ist simpel. Der Boden wird auf einem Schütteltisch durchgeschüttelt und dann durch ein feines Sieb gesiebt. Mit einem feinen Streifen wird anschließend Sediment herausgenommen und unter das Mikroskop gelegt. Dann sind die Kügelchen für jeden sichtbar. Wir haben die Kügelchen auch unter dem Mikroskop in Frankfurt gesehen.

Es bereitet auch keine Schwierigkeiten, die Kügelchen im Boden zu finden. Die Menschen in der Elbmarsch wissen, wo sie liegen. Es gibt Stellen, da sind sie weniger häufig, und Orte, an denen sie konzentrierter auftreten. Die Menschen in der Bürgerinitiative nehmen ihre eigenen Bodenproben und sammeln diese Kügelchen, um die Untersuchung voranzutreiben. Niemand kann sagen, es gäbe sie nicht.

Nicht überall weist der Boden allerdings Kügelchen auf. Aber es gibt Bereiche, wo man besonders fündig werden kann. Die Mitglieder der Bürgerinitiative kennen diese Orte in Geesthacht und Tesperhude, und sie können Interessenten jederzeit dorthin führen. Eine dieser Fundstelle ist die Waldschule in Geesthacht.

Auch Uschi Grube[46] hat Kügelchen gefunden – auch ein wenig weiter entfernt in Winsen an der Luhe. Sie schloss sich der Bürgerinitiative gegen Leukämie schon früh an, hat immer wieder Bodenproben entnommen und fand winzige Kügelchen, die in Größe und Aussehen genau den Kügelchen entsprechen, in denen einige Wissenschaftler Radioaktivität gefunden haben.

Wir begleiteten Uschi Grube im Oktober 2006 nach Winsen an der Luhe, dort hatte sie ebenfalls Erdproben entnommen. Sie hat gar nicht tief graben müssen:

„... Ich denke, das war so zwischen 5 bis 10 cm tief."

Frage: „Wieso haben Sie gerade an der Stelle gegraben?"

Uschi Grube:

„Weil ich gedacht hab: Ich will mal sehen, ob ich in Winsen auch Kügelchen finde."

Und sie wurde fündig. Ob diese Kügelchen radioaktiv sind, will Uschi Grube noch messen lassen.

Joachim Borth, Landrat, Landkreis Harburg:

„Es wird wahrscheinlich nur so funktionieren, dass sich alle Beteiligten darüber verständigen müssen: Wie untersuchen wir jetzt, wo ziehen wir Proben. Also fest steht ja wohl, dass man im Boden irgendetwas finden kann. Diese berühmten Kügelchen ... die können ja nicht vom Himmel gefallen sein."

Das Problem, das dem Streit der Experten zugrunde liegt, ist:

An welchem Ort

Denn nicht überall liegen Kügelchen. Sie sind an unterschiedlichen Orten auch in unterschiedlicher Konzentration vorhanden. Es ist also eine Frage, wo man sucht.

Professor Ensinger versuchte auf der Anhörung mit einem Beispiel zu erklären, warum die Spezialisten so viele Probleme haben[47]:

„Stellen Sie sich den berühmten großen Heuhaufen in einer Scheune vor, in dem jeden Tag Kinder spielen. Über dem Heuhaufen sitzt ein Mann auf einem Dachbalken, der Hemden zusammensteckt. Er hat eine Schachtel mit Stecknadeln. Eines Tages passt er nicht auf, und ihm fällt eine Menge von Stecknadeln in den Heuhaufen. Auch genau an diesem Tag spielen die Kinder dort und zerstechen sich die Finger. Dann kommen sie abends weinend zu ihren Eltern. Diese wissen nicht, was los ist, und ein paar Wochen später holt man die Wissenschaftler.

In der Zwischenzeit sind die Nadeln irgendwie in den Heuhaufen ‚hineingesickert', sie sind also nicht mehr zu sehen.

Dann kommen die Wissenschaftler mit Metalldetektoren. Der eine misst hier, der andere dort. Der eine hört einmal ein Signal, wendet aber ein, dass die Sparren und die Wände mit Eisennägeln errichtet worden sind. Es gibt also kein eindeutiges Ergebnis.
Die Kinder spielen weiter im Heuhaufen. Drei Wochen später kommt wieder ein Kind und hat einen Stich im Finger. Genau das ist hier passiert. Genau deswegen streiten sich die Wissenschaftler."

In welcher Menge

Für eine ausreichende aussagekräftige Analyse muss eine genügend große untersuchbare Menge an Kügelchen vorliegen. Sie müssen – nach anerkannten wissenschaftlichen Methoden, wie Professor Mironov in Hannover darlegte – aus dem Sediment separiert werden, um sie untersuchen zu können. Dieses Verfahren wenden andere Wissenschaftler nicht an.[48]

Was ist in den Kügelchen?

Das ist die zweite Frage, über die sich die Experten streiten.
    Es ist eine Frage der Methode, dass Wissenschaftler derselben Fachrichtung zu entgegengesetzten Ergebnissen kommen. Die Untersuchungen der Kügelchen, die gegeneinander aufgeführt werden, sind untereinander nicht vergleichbar. Professor Mironov untersuchte, wie er darlegte, ein Sediment, in dem die Kügelchen zur Untersuchung konzentriert waren.
    Es handelt sich um zwei Untersuchungsschritte: Erstens: Enthält der Boden Kügelchen? Zweitens: Was enthalten die-

se Kügelchen? Bis Professor Mironov durch seine Analyse im Jahr 2005 den Nachweis der Radioaktivität der Kügelchen erbracht hat, hatte kein einziges Labor in Deutschland diese Kügelchen fachgerecht aufgeschlossen – in keiner einzigen Untersuchung!

Wege des gesunden Menschenverstandes

Bis heute gibt es für die hohe Erkrankungsrate nach wie vor keine schlüssige Erklärung. Viele Theorien sind verworfen worden. Die einzigen Auffälligkeiten, die in der Elbmarsch gefunden wurde, sind diese Kügelchen. Liegt es da nicht nahe, dem nachzugehen?

Die Menschen an der Elbe bestehen auf Aufklärung und begreifen nicht, dass weitere Untersuchungen abgelehnt werden unter Berufung auf Gutachten, die <u>nichts</u> finden und sagen, die Funde seien zu dünn und es läge keine Erhöhung von Radioaktivität vor. Warum wird nicht eine neue Untersuchung eingeleitet unter Berufung auf Wissenschaftler und deren anerkannte Methode, <u>die etwas finden</u>? Wie Professor Mironov.

Diesen Weg einzuschreiten, das sei eine Forderung des gesunden Menschenverstands und im Interesse der Menschen, meint **Uwe Harden**:

> *„Man sollte bei allen weiteren Untersuchungen davon ausgehen:*
> *Es gibt eine hohe Krankheitsrate in der Elbmarsch in der Nähe der Atomanlagen.*
> *Wir sollten daher davon ausgehen, dass diese eine Ursache hat.*
> *Dieser Auslöser muss kräftig gewesen sein.*

Daher nehmen wir die Funde der Kügelchen als eine Spur, die uns auf ein früheres Ereignis hinweist."

Die Konzentration der Kügelchen ist am höchsten in der Nähe der Atomanlagen. Das weist darauf hin, dass das Ereignis, das diese Kügelchen freigesetzt hat, auch dort stattgefunden hat.

Auch Mona Lisa ist diesen Weg gegangen:

Wenn es Wissenschaftler gibt, die dort etwas finden, und wenn es Wissenschaftler gibt, die dort nichts finden, dann interessieren uns erst einmal die Wissenschaftler, die etwas gefunden haben, und nicht die Wissenschaftler, die nichts gefunden haben.

Warum wird, wenn es doch auch um einen Methodenstreit geht, nicht die Methode angewendet, mit der Radioaktivität gefunden wurde? Ist es nicht vernünftig – wie in jeder Alltagssituation auch –, nach genau der Methode zu verfahren, die erfolgreich ist? Das Misstrauen – auf Expertenseiten beider Fraktionen – ist mittlerweile groß. Wäre es nicht im Interesse der Menschen, dass sich die Wissenschaftler noch einmal gemeinsam auf die Suche machen? Dass sie ihren Methodenstreit vergessen und gemeinsam mit ihren unterschiedlichen Methoden dasselbe Ziel angehen: Aufklärung.

Uwe Harden fordert:

„Die Akte Elbmarsch kann nicht einfach geschlossen bleiben. Das hieße, die Tatbestände, dass Kügelchen gefunden wurden, zu negieren. Das hieße auch, zu verneinen, dass es rund um Geesthacht viel mehr leukämiekranke Kinder gibt

als in anderen Gebieten. Auch mehr als in der Nähe anderer Atomkraftwerke.

Wir verlangen Eindeutigkeit: Entweder von offizieller Seite wird bestätigt: Ja, es gibt hier die Kügelchen und wir gehen dieser Spur nach. Oder von offizieller Seite wird den Menschen offen mitgeteilt: Wir haben uns verrechnet: Es gibt in der Elbmarsch nicht mehr Leukämiefälle als an anderen Orten der Welt. Wir werden keine Untersuchungen zur Aufklärung mehr vornehmen, denn es gibt nichts aufzuklären. Aber die Menschen mit der Unsicherheit alleinzulassen, das geht nicht."

Warum weigern sich die Behörden der Landesregierung weiter, die Kügelchen zu untersuchen? Nur auf diesem Wege wäre eine offizielle Klärung darüber herbeizuführen: Sind die Kügelchen etwas, das dort in die Gegend gehört, oder nicht? Sind sie dafür verantwortlich, dass rund um die beiden Geesthachter Atomanlagen weltweit am meisten Kinder an Leukämie erkranken?

Wachsendes Misstrauen gegen die Atomwirtschaft

Die traurige Tatsache, dass an keinem anderen Ort der Erde so viele Kinder Leukämie bekommen wie in der Nähe der Kernkraftanlagen an der Unterelbe, ist durch die Dokumentation und zahlreiche weitere ML Mona Lisa-Reportagen in ganz Deutschland bekannt geworden. Auch dass die Aufklärung nicht vorankommt.

Dass die Erkrankungsrate hier viel höher ist, muss einen ganz besonderen Grund haben. Das wird umso deutlicher, als eine neue Studie zu beweisen scheint: Kinder in der Nähe eines Atomkraftwerkes erkranken schneller und häufiger an Leukämie als an anderen Orten. Auch ohne dass es zu einem Störfall kommt.

Der Zusammenhang von Leukämieerkrankungen und dem Standort Atomkraftwerk ist der Inhalt einer wissenschaftlichen Studie: die Kinderkrebsstudie. Am 6. April 2008 sendete Mona Lisa einen Bericht dazu. Diese Kinderkrebsstudie wirft ein besonderes Licht auf die Problematik, die Arbeit und die Argumentation mancher Wissenschaftlerinnen und Wissenschaftler.

Exkurs 1: Kinderkrebsstudie

Die sogenannte KIKK-Studie, vom Bundesamt für Strahlenschutz im Dezember 2007 veröffentlicht, beweist: Es gibt einen Zusammenhang zwischen den häufigen Leukämieerkrankungen von Kindern und den Kernkraftwerken, in deren Umgebung sie wohnen.

Thomas Jung, Bundesamt für Strahlenschutz:

"Das hat die Studie ergeben: Je näher ein Kind an dem Kraftwerksstandort wohnt, desto höher ist sein Risiko, an Krebs zu erkranken."

Ein alarmierendes Ergebnis. Aber gehandelt wird nicht. Mit Wut und Fassungslosigkeit reagieren vor allem die Eltern der an Leukämie erkrankten Kinder.
Tanja Merk, betroffene Mutter eines kranken Kindes aus der Elbmarsch:

"Es ist empörend, dass es wieder so läuft, dass alles im Sande verläuft, dass es keine Konsequenzen gibt, kein Handeln, dass es keine Filtereinlagen gibt, dass im Prinzip gar nichts passiert, im Gegenteil, dass die Atomlobby wieder versucht zu vertuschen beziehungsweise zu bagatellisieren."

Die zwei Millionen Euro teure Studie, durchgeführt vom Mainzer Kinderkrebsregister, hat die Krebsfälle von Kleinkindern zwischen 1980 und 2003 untersucht. Im 5-Kilometer-Radius um Kernkraftwerke fand man statt der statistisch erwarteten 48 Fälle 77 – davon allein 37 Kinder mit Leukämie. Ähnlich alarmierende Ergebnisse zeigt eine im vergangenen Jahr veröffentlichte Studie des amerikanischen Energieministeriums.

Prof. Edmund Lengfelder, Strahlenmediziner, Universität München:

"Je näher die Menschen am AKW wohnen, umso mehr Krebs haben sie. Woher kommt der Krebs? Es gibt keine andere logische Begründung, keine plausible Erklärung als

das, was bekanntermaßen mit AKWs verbunden ist, nämlich Strahlung."

Doch genau das bezweifelt ausgerechnet Professor Blettner, die Autorin der aktuellen KIKK-Studie. Obwohl die Häufung der Leukämieerkrankungen von der Autorin der Studie bewiesen wird, streitet sie jeglichen Zusammenhang ab.

Zitat:

"... nach heutigem Wissen kommt Strahlung, die von Kernkraftwerken im Normalbetrieb ausgeht, als Ursache nicht in Betracht."

Wie sie dazu kommt, will sie uns gegenüber nicht begründen. Aber ihre Haltung erfreut zumindest die Atomenergiewirtschaft.

Dr. Christian Feldhaus, Betriebsarzt RWE:

"Die Ursache der Leukämieerkrankungen in der Umgebung von Kernkraftwerken hängt sicher nicht mit der Radioaktivität der kerntechnischen Anlagen zusammen. Das ist das Ergebnis der Studie von Frau Professor Blettner, einer seriösen Wissenschaftlerin der Universität Mainz."

Die Wissenschaftlerin Blettner aber widerspricht sich selbst. Zum einen stellt sie fest: Je näher am Atomkraftwerk, desto häufiger treten Leukämiefälle auf. Zum anderen negiert sie die Rolle der AKWs als Auslöser für die Erkrankungen. Und das, obwohl sie sich einer international anerkannten Methodik bedient, die durch Abstandsmessung Strahlung nachweist. Krank rund um AKWs, aber nicht durch AKWs – diese Haltung der Wissenschaftlerin überrascht selbst den Auftraggeber der Studie.

Thomas Jung, Bundesamt für Strahlenschutz:

"Was nachgewiesen ist, ist ein Zusammenhang zwischen Wohnabstand und Erkrankungshäufigkeit."

Trotzdem sieht der Bundesumweltminister keinen Grund zum Handeln. Er lässt seine eigene Studie nun noch einmal überprüfen – von seinem Beratergremium. Das kostet wieder Geld und kostbare Zeit. Die Strahlenschutzkommission erwartet jedenfalls keine neuen Erkenntnisse, die den Zusammenhang leugnen könnten.

Thomas Jung, Bundesamt für Strahlenschutz:

"Wir haben bisher keine Fehler entdeckt. Von daher gehen wir nicht davon aus, dass sich an den Erkenntnissen was ändert."

Nehmt eure eigene Studie endlich ernst, fordern die Internationalen Ärzte gegen den Atomkrieg in einer Unterschriftenaktion. **Dr. Reinhold Thiel**, Internationale Ärzte gegen den Atomkrieg (IPPNW), befürchtet,

"dass es jetzt auf die lange Bank geschoben werden soll von der Politik und man hofft, dass Gras drüber wächst oder dass man das Ganze vergisst".

Ärzte, beunruhigte Bürger und besonders die Familien mit an Leukämie erkrankten Kindern wollen verhindern, dass Gras über die Sache wächst. **Dr. Tanja Merk**, Mutter eines kranken Kindes und Ärztin, fordert:

> *„Handeln jetzt. Sofort. Jeder Tag, jede Woche, jeder Monat kann für das eine oder andere Kind zu viel sein und es erkrankt."*

Die Menschen, die in der Nähe dieser Anlagen leben, sind schockiert über den Umgang der verantwortlichen Regierungsstellen und der verantwortlichen Wissenschaftler mit Erkenntnissen, die einen Zusammenhang von Kernkraftwerken und Gefährdungen ermitteln. Sie fragen sich, auf welcher Seite die Behörden stehen. Sie fragen sich, wie Wissenschaftler ihre Arbeit verstehen, und sie fragen sich, um was es eigentlich geht, wenn wissenschaftliche Untersuchungen rund um Kraftwerke in Auftrag gegeben werden. Es scheint, als ob keine Spitzfindigkeit der Argumentation absurd genug sein kann, um die Kernkraftanlagen zu entlasten. Zu Lasten der Bevölkerung.

Recht auf Aufklärung

Die Bürgerinitiative und die Menschen in der Elbmarsch verlangen Aufklärung und nicht Vertuschung. Sie fordern das, was der gesunde Menschenverstand gebietet.

Sollte es ein Schadensereignis in den Geesthachter Anlagen der GKSS gegeben haben, dann sollte ermittelt werden, welches Ereignis das war. Denn die Menschen in der Gegend um Geesthacht haben nicht nur ein Interesse, das zu erfahren, sie haben auch ein Recht darauf. Sie leben dort mit ihren Kindern, und sie wollen wissen, ob ihre Kinder gesund aufwachsen. Sie wollen wissen, ob ihre Kinder sicher sind oder ob sie ihre Kinder schützen müssen. Die Menschen der Umgebung wollen wissen, ob sie dort in Zukunft sicher leben können.

Aber auch die Öffentlichkeit über Geesthacht hinaus hat das Recht auf Aufklärung. Sollte dort ein Ereignis mit radioaktivem Material stattgefunden haben und es wurde nicht aufgedeckt, so wird es Zeit, das heute zu tun. Die Öffentlichkeit nimmt für die Zukunft das Verfahren in der Elbmarsch als Prüfstein, wie denn in Zukunft mit möglichen Unfällen verfahren werden wird. Das Misstrauen, das in der Elbmarsch gewachsen ist, kann nur abgebaut werden, wenn die Vergangenheit aufgearbeitet wird. Wie sollten die Menschen sonst Vertrauen haben, dass sie bei einem möglichen zukünftigen Ereignis sofort informiert würden und alles für ihren Schutz getan würde?

Exkurs 2: Widerwillige Aufklärung bei Störfällen

Aber der Umgang mit Störfällen durch die Betreiber der Atomanlagen schürt das Misstrauen der Bevölkerung. Das zeigen der jüngste Vorfall im KKW Krümmel und die Informationspolitik des Betreibers Vattenfall.

Am Mittwoch, 28. Juni 2007, 15 Uhr kommt es zu einem Brand in Krümmel.[49] Rauch dringt in die Leitwarte. Der Reaktorführer greift zur Gasmaske, fährt den Reaktor runter. Panik. Chaos. Schnellabschaltung.

Wilfried Heinrichs, Augenzeuge:

„An diesem Nachmittag kurz nach drei, 15 Uhr eins, hat es eine ganz große Explosion gegeben, und zwar hinter dem Reaktorgebäude, und dann ist eine große schwarze Wolke

etwa in der Größe des Reaktorgebäudes senkrecht aufgestiegen und dann der Bevölkerung zu sagen, es war ein kleiner Brand. Die Rauchfahnen waren noch bis Tesperhude zu sehen und das sind acht Kilometer."

Wilfried Heinrichs, er wohnt dem Kernkraftwerk genau gegenüber, alarmiert Behörden und Presse. Sein Nachbar Hansjörg Fuhrken ist beruflich unterwegs, als seine Frau ihn anruft: „Krümmel brennt."

Hansjörg Fuhrken:

„Die erste Überlegung war, was mach ich, wenn's hier verstrahlt ist, was mach ich mit meiner Familie. So der erste Gedanke war, fahr ich jetzt in einen Strahlengürtel rein und hole meine Familie raus, und dann war ganz klar, dass ich das tun würde."

So wie der Familienvater empfinden viele hier das Kernkraftwerk als ständige Bedrohung. Zu Recht. Entgegen ersten Meldungen war auch der Reaktor selbst vom Brand betroffen. Es kam zu einer Leckage, mit Freisetzung geringer Mengen Radioaktivität. Nicht gefährlich, beruhigt der Betreiber Vattenfall.

126 meldepflichtige Zwischenfälle

126 meldepflichtige Zwischenfälle in deutschen Atommeilern gab es allein im vergangenen Jahr. Pannenreaktor Nummer 1 ist Krümmel mit 15 Störungen vor den altbekannten Problemreaktoren Biblis und Brunsbüttel. Aber statt ihrer Aufklärungspflicht nachzukommen, hält der Betreiber Vattenfall wichtige Informa-

tionen zurück, sogar gegenüber der obersten Atomaufsichtsbehörde. Erst nach Wochen ist Vattenfall bereit offenzulegen, was geschehen ist.

Sigmar Gabriel, Bundesumweltminister, scheint mehr als verärgert,

> „... *dass es eine große Zurückhaltung gibt den Behörden gegenüber mal offenzulegen, was ist da eigentlich abgelaufen. Z.B. dass es jetzt wochenlang gedauert hat, bis wir mal die Gelegenheit haben, mal mit den Schichtführern zu reden. Das ist ein unhaltbarer Zustand.*"

Erst ein Durchsuchungsbefehl der Lübecker Staatsanwaltschaft verschafft Klarheit. Kriminalbeamte im KKW Krümmel fordern die Personalien des Reaktorfahrers ein. Erst auf diesen Druck hin gibt Vattenfall nach. Es können KKW-Mitarbeiter und Schichtleiter angehört werden.

Es hat lange gedauert, bis die Betreiber eingestehen, dass etwas geschehen ist, und noch ein wenig länger, bis sie eingestehen, was geschehen ist. Die Betreiber von Atomanlagen scheinen immer nur das zuzugeben, was ohnehin an anderer Stelle schon bekannt geworden ist. Sie kommen ihrer Informationspflicht nicht nach. Diese Art und Weise, mit der Öffentlichkeit umzugehen, ist nicht dazu angetan, das Vertrauen grundsätzlich aufzubauen.

Wer kann nach diesen letzten Vorfällen voller Zuversicht glauben, dass ein möglicher Unfall in einer Kernforschungsanlage, auch wenn er 20 Jahre zurückliegt, wahrheitsgemäß aufgeklärt wird?

Wie geht es weiter?

Es geht um Politik

Angesichts der Ergebnisse einiger Mitglieder der offiziellen Expertenkommissionen der Länder und der von der Bürgerinitiative in Auftrag gegebenen Expertisen scheint es nicht unmöglich, dass ein Unfall oder ein anderes Ereignis, bei dem Kügelchen freigesetzt wurden, vertuscht werden soll. Aber warum?

Mona Lisa hatte beim Kernforschungszentrum GKSS im Oktober 2006, nachdem das 17. Kind erkrankte, erneut um ein Interview gebeten. Dies wurde uns abgesagt. Begründung:

„Es wurde mehrfach erklärt, dass es keinen Vorfall gab (...). Dem ist nichts hinzuzufügen."

Könnte es auch so gewesen sein?

- Dagegen steht die durch Analyse gestützte Vermutung, dass es einen Unfall gegeben hat. Ein Unfall, der nicht in einem Kernkraftwerk, sondern in einer Forschungsanlage stattgefunden hat. Die einzige Forschungsanlage aber in Geesthacht ist die GKSS. Möglicherweise ist am 16. September 1986 bei Forschungen irgendetwas geschehen. Aber intern wurde er vielleicht als nicht gravierend eingeschätzt – die möglichen Folgen, in gutem Glauben, nicht bedacht.

- Und dann in den Jahren, als die ersten Leukämiefälle auftreten, entscheiden sich die wenigen Menschen, die von dem Ereignis wissen, darüber zu schweigen.
- Dieser Weg des Schweigens wird konsequent weitergegangen. Wer möglicherweise etwas weiß, spricht nicht, schweigt gegenüber den eigenen Vorgesetzten, auch gegenüber der verantwortlichen Regierung. Es gibt wenige Zeugen – und die, die sich gemeldet haben, sind von außerhalb.
- Heute ist 1986 so weit entfernt, dass es kaum noch direkte Verbindungen gibt.

Es geht auch um die Reputation konkreter Menschen in den Behörden. Wer heute zugeben würde, was über zwei Jahrzehnte geleugnet wurde, müsste sich Fragen nach der eigenen Arbeitsweise und Verantwortung stellen lassen.

Aber welches Interesse besteht heute, über 20 Jahre nach einem möglichen Ereignis im September 1986, die Ergebnisse der vorliegenden Untersuchungen zu ignorieren oder in Frage zu stellen? Dieses Interesse scheint größer zu sein, als den Ursachen der Kinderleukämien nachzugehen.

Warum herrschen von offizieller und von wissenschaftlicher Seite so übergroße Bedenken, sich mit den Kügelchen auseinanderzusetzen? Kernphysiker wissen, dass es viele Verwendungszwecke für die in Geesthacht gefundenen Kügelchen gibt. Sie werden zwar nicht in einem Kernkraftwerk gebraucht, wohl aber in einem Kernforschungszentrum wie der GKSS.

Bis zum Jahr 2002 stritten die schleswig-holsteinische Regierung und die GKSS ab, dass überhaupt irgendwo auf der Welt oder in der Kernphysik diese sogenannten PAC-Kügelchen existieren. Auch die GKSS bestreitet, jemals mit diesem Material gearbeitet zu haben.

Professor Pflugbeil fragt daher bereits 2002 besorgt in der Zeitschrift Publik Forum:

„Wir haben eine Menge von Fachliteratur zu den Kügelchen gefunden – weshalb wird dann so offensichtlich gelogen? Vom Forschungszentrum, vor dessen Tür die Kügelchen in den Wohngebieten liegen, ebenso wie von dem zuständigen Ministerium?"[50]

Fachleute wissen auch, dass die Kügelchen nicht im Normalbetrieb eines Kernkraftwerkes entstehen. Die Untersuchungen führten ja Isotope zutage, die

„überhaupt nicht aus Kernkraftwerken oder normalen Forschungsreaktoren, wohl aber aus militärischen Entwicklungen mit schnellen Neutronen stammen können."[51]

Ist das der Grund, dass von Regierungsseite so hartnäckig gemauert wird? Hätte also das Kernforschungszentrum der GKSS tatsächlich an einer atomaren Mikroexplosion gearbeitet, so lässt sich das Schweigen der zuständigen Behörden und die anhaltende Leugnung eines solchen Experimentes – entgegen aller Augenscheinlichkeit – in gewisser Weise erklären. Vor allem, wenn – wie die Experten vermuten – dabei etwas schiefgegangen sein muss. Denn wie sonst ließe sich erklären, meint Sebastian Pflugbeil, „dass heute kernbrennstoffhaltige Kügelchen in der Umgebung der GKSS auf der Straße liegen"[52]?

> Die Bürgerinitiative ruft immer noch Zeugen auf, sich zu melden. Denn es leben noch Mitarbeiter der GKSS, die damals dabei waren. Es muss noch Fachleute und Betroffene geben, die etwas erzählen können über ein mögliches Unfallereignis im September 1986.

Es geht ums Geld

Ein gewichtiger Aspekt ist das Geld. Sollte ein Unfall in der bundeseigenen Forschungsanlage GKSS nachgewiesen werden, der für die Freisetzung der Kügelchen verantwortlich zu machen ist, so kämen Schadenersatzforderungen auf die Regierungen zu.

Der Boden in der unmittelbaren Umgebung der GKSS und einem Radius von circa 10 km oder mehr müsste untersucht werden. Bei einem Fund der Kügelchen müsste unter Umständen ein Bodenaustausch an den entsprechenden Stellen vorgenommen werden.

Die Orte, an denen die Konzentration der Kügelchen nachweisbar ist, müssten gekennzeichnet und behandelt werden. Die Häuser, in deren reetgedeckten Dächern radioaktives Material gefunden wurde, müssten saniert werden. Allein hier entstünden Kosten ungeahnten Ausmaßes.

Sollte zudem in einem zweiten Schritt ein ursächlicher Zusammenhang der radioaktiven Kügelchen mit den Leukämieerkrankungen der Kinder von offizieller Seite festgestellt werden, so kämen auch dort Kosten auf die Regierungen zu. Die erkrankten Kinder müssten entschädigt und die Kosten der Behandlungen übernommen werden. Rentenansprüche könnten erhoben werden.

Es geht um Öffentlichkeit

Mona Lisa recherchiert seit 2004. Wir waren offen, uns alles anzuhören. Und wir waren offen, Ungereimtheiten und Widersprüche wahrzunehmen.

Mona Lisa ist bis jetzt europaweit das einzige Magazin, das sich auf die Suche nach dem Hintergründen der Leukämieerkrankungen gemacht hat. Bei dieser Suche stießen wir auf die radioaktiven Kügelchen in der Elbmarsch und haben uns damit beschäftigt.

Die Medien der Bundesrepublik, Print- und Fernsehmedien, halten den Fall für abgeschlossen. Sie nehmen das Thema nicht mehr auf – auch nicht nach der Bekanntgabe der sensationellen Ergebnisse von Professor Mironov. Die Presse schweigt. Lediglich die Frankfurter Rundschau informierte vor zwei Jahren ein einziges Mal über die neuen Entdeckungen. Ein einmaliger Beitrag erschien in der HÖRZU Nr. 22 vom 26.05.2006. Danach nichts mehr.

Alle Kollegen, denen die Mona Lisa-Redaktion seitdem „ans Herz legt", über die bestätigenden Forschungsergebnisse zu berichten, winken ab und wollen sich nicht weiter mit dem Thema beschäftigen. Die Kollegen sind der Meinung, es sei von den Experten alles geklärt. Es gäbe nichts hinzuzufügen. Es ist ein Thema, von dem alle die Finger lassen.

Wer sich informieren will, muss ins Internet ausweichen. Einige interessante Seiten finden Sie in der Literaturliste.

Auch die Familie von Rico, der an Leukämie starb, kämpft jetzt mit einer Internetseite für die Aufklärung der Leukämie-Ursache in der Elbmarsch.

Mirco Hansen, Ricos Bruder, hofft,

> *„dass die Leute, die vielleicht mehr Einfluss haben als wir, die kleinen Leute, uns unterstützen. Wir müssen am besten alle zusammenhalten, gerade hier in der Gegend. Das betrifft so viele Leute."*

Ende offen

Der lange Leidensweg von Nicole und ihrer Familie scheint vorüber zu sein. Nicole ist heute gesund. Sie hat die Leukämie überwunden. Aber die Angst bleibt, immer.

Birte Jürgens, Nicoles Mutter, spricht über die Zeit nach der erfolgreichen Therapie ihrer Tochter:

„Nach zwei Jahren dann hatte sie überall ganz viele Leberflecken. Dann denkt man wieder: Oh, jetzt geht's auf einer anderen Seite los, und dann sagen die Ärzte: Das ist ganz normal, das ist eine Pigmentstörung, die hat sie von der Chemotherapie – und solche Sachen wird's wahrscheinlich ein Leben lang geben."

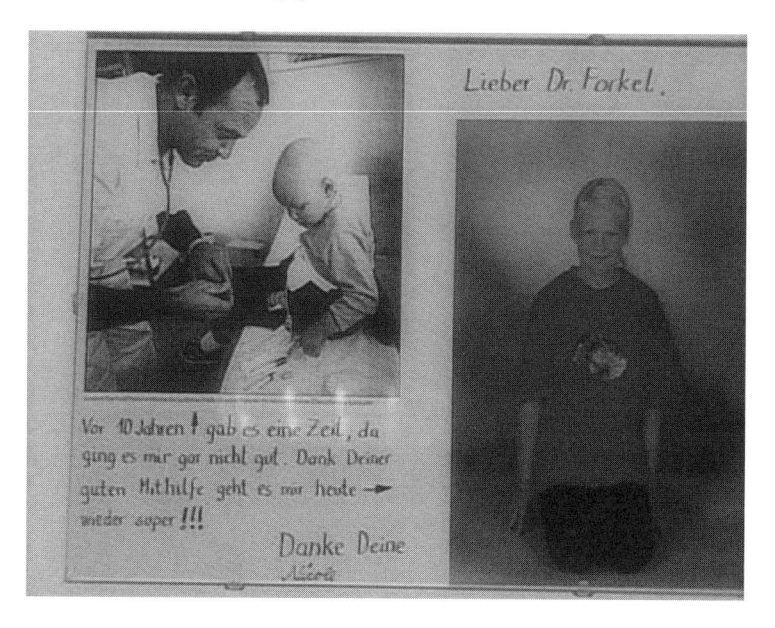

Abbildung 11: Nicole verdankt ihr Leben auch der Aufmerksamkeit des Kinderarztes Dr. Forkel.

Nicole Jürgens hat überlebt. Doch die unheimliche Leukämie-Serie setzt sich fort. Es ist schön hier an der Elbe. Aber – auch beklemmend.

Bettina Boll, Bürgerinitiative Leukämie:

„Es schwebt halt immer so eine unsichtbare Gefahr über dem Ganzen. Man weiß nicht, es ist irreal. Es ist schön hier, das Elbufer ist schön, es gibt den Wald, die Elbe ... und plötzlich bekommst du mit, wie Kinder an Leukämie erkranken ..."

Bettina Boll ist hier in Geesthacht geboren. Die Mitbegründerin der Bürgerinitiative Leukämie ist überzeugt:

„dass die radioaktiven Anlagen in Geesthacht mit den Leukämieerkrankungen zu tun haben. Das ist so deutlich eigentlich und es hört nicht auf. Das hört einfach nicht auf. Wer da noch von Zufall spricht, den kann ich nicht verstehen ..."[53]

Auch wenn bis heute offiziell keine Ursachenzusammenhänge nachgewiesen sind, Ungereimtheiten gibt es nach wie vor:

- Merkwürdig, dass in unmittelbarer Umgebung von zwei Anlagen, die mit atomaren Stoffen arbeiten, die weltweit höchste Leukämierate bei Kindern auftritt.
- Dass Indizien, die für einen atomaren Störfall sprechen, bisher nicht weiterverfolgt wurden.
- Und dass wissenschaftliche Untersuchungen erhöhte Werte von radioaktiven Stoffen feststellen, die so in der Natur nicht vorkommen.

ML Mona Lisa verfolgt das Thema Leukämie in der Elbmarsch weiterhin aufmerksam. Denn: Solange die Leukämiefälle in der Elbmarsch weitergehen, darf diese Akte nicht geschlossen bleiben.

Anhang

Die Mona Lisa-Frauen

Sibylle Bassler, geb. 1957, übernahm mit Juli 2008 die Redaktionsleitung des ZDF-Frauenmagazins Mona Lisa. Sie ist seit vielen Jahren erfolgreich als Journalistin für Mona Lisa unterwegs. 2006 erschien von ihr das Buch „Weiße Rose. Zeitzeugen erinnern sich" im Rowohlt Verlag.

Barbara Dickmann, geb. 1942, moderierte seit 1969 beim Hessischen Rundfunk verschiedene politische Magazine. Ab 1979 moderierte sie als erste Frau das ARD-Nachrichtenmagazin „Tagesthemen". Mitte der 80er Jahre leitete sie das Bonner Büro des „Stern". Seit 1990 ist Barbara Dickmann Redakteurin des ZDF-Frauenjournals ML Mona Lisa und hat im Mai 2003 die Leitung übernommen, die sie im Juli 2008 an Sibylle Bassler übergeben hat.

Angelica Fell, geb. 1947, begann ihre journalistische Karriere beim Bayerischen Hörfunk und Bayerischen Fernsehen. Für Mona Lisa ist sie als Frau der ersten Stunde seit 20 Jahren unterwegs. Mit Leidenschaft arbeitet Angelica Fell als investigative Journalistin. Für die Dokumentation „Und keiner weiß, warum" haben sie und Barbara Dickmann über ein Jahr recherchiert. Die aufwendigen Recherchen und die Dreharbeiten führten sie bis nach Minsk.

Wir danken

Mona Lisa ist bei den Recherchen von vielen Menschen unterstützt worden. Einige wollen nicht genannt werden. Wir danken an dieser Stelle vor allem noch einmal den folgenden Personen in alphabetischer Reihenfolge.

Dr. Hajo Dieckmann, Leiter des Gesundheitsamtes Lüneburg und Mitglied der Organisation „Internationale Ärzte gegen den Atomkrieg" (IPPNW).

Prof. Inge Schmitz-Feuerhake, die akribisch und gegen viele Widerstände weiterforschte.

Kinderarzt Dr. Forkel, der die Leukämiefälle als Erster meldete.

Dr. Fuhrmann, Geologe, der Untersuchungen durchführte und die Radioaktivität in den Bodenproben nachgewiesen hat.

Heinz Werner Gabriel, Kern-Ingenieur, der die Kügelchen im Boden fand und der deshalb sehr angefeindet wurde.

Uschi Grube von der Bürgerinitiative gegen Leukämie, die uns immer wieder weiterhalf.

Uwe Harden, ehemaliger Landtagsabgeordneter und Gründer der Bürgerinitiative Leukämie, der sich seit fast zwanzig Jahren dafür einsetzt, dass die Ursachen endlich gefunden werden.

Prof. Wolfgang Hoffmann, der schon als junger Wissenschaftler festgestellt hat, dass die Kinder in der Nähe des KKWs Krümmel strahlenbedingte Chromosomenveränderungen haben.

Prof. Edmund Lengfelder, Mitglied der Expertenkommission Schleswig-Holstein, der zurücktrat, weil die Untersuchungen behindert wurden.

Prof. Vladislav P. Mironov von der Universität Minsk, der bereit war, die Bodenprobe zu untersuchen, und die Radioaktivität der PAC-Kügelchen nachgewiesen hat.

Dr. Sebastian Pflugbeil, Kernphysiker und Sprecher der „Internationalen Ärzte für die Verhütung des Atomkriegs", der als Umweltminister der letzten DDR-Regierung das Atomkraftwerk Lubmin bei Greifswald abschaltete und auch heute noch klare Worte findet.

Olaf Schulze, Mitglied des Landtags von Schleswig-Holstein, der beharrlich bleibt und neue Untersuchungen fordert.

Prof. Otmar Wassermann, Mitglied der Expertenkommission in Schleswig-Holstein, der sich unermüdlich dafür einsetzte, dass die Wahrheit ans Licht kommt.

Preise

Die Dokumentation „Und keiner weiß warum" von Barbara Dickmann und Angelica Fell, 33 Min., DF, wurde am 2. April 2006 um 23.30 Uhr zum ersten Mal im ZDF gesendet.

Die Dokumentation erhielt internationale Aufmerksamkeit, aber keinen der bekannten deutschen Medienpreise.

- Die Dokumentation wurde auf dem Filmfestival One World, Berlin 2006, gezeigt.
- Zuschauerpreis der Öko-Film Tour
- Preis des Baikal Enviremental Filmfestivals – Preis Sparte Umweltdokumentation
- War beim Prix Europa und wurde unter den ersten 10 Dokumentationen platziert.

Quellenhinweise

Abbildungen

Alle Abbildungen in diesem Buch sind der Dokumentation „Und keiner weiß, warum" entnommen.

Zitate

Die Aussagen der namentlich bezeichneten Personen wurden in Interviews für die Dokumentation „Und keiner weiß warum" getroffen sowie in den Folgensendungen, die Mona Lisa zu diesem Thema gemacht hat. ML Mona Lisa Elbmarsch – Neuer Fall, 15.10.2006; Leukämie auf dem Prüfstand, 15.4.2007; ML Mona Lisa – Störfälle AKW, 15.7.2007; ML Mona Lisa – AKW-Kinderkrebsstudie, 16.12.2007.

Dokumente

„Erkenntnisse der schleswig-holsteinischen Fachkommission Leukämie im Zeitraum 1993-2004 zur Ursache der in der Nahumgebung der Geesthachter Atomanlagen aufgetretenen Leukämiehäufung bei Kindern" vom 15.9.2004. Abschlussbericht des Vors. Prof. Otmar Wassermann. In: www.oh-strahlen.org/docs/ableukkom.pdf
Otto Hug, Strahleninstitut. www.oh-strahlen.org/index.html: Hier finden Sie viele wissenschaftliche Veröffentlichungen zum Thema Leukämie in der Elbmarsch.
Anhörung im Landtag vom 12.4.2007, als PDF in: http://elbmarsch.org/?m=200705
Die Elbmarschleukämien – Stationen einer Aufklärung. Dokumentation. Hrsg. von der Bürgerinitiative gegen Leukämie in der

Elbmarsch e.V., Gesellschaft für Strahlenschutz e.V., IPPNW – Deutsche Sektion der Internationalen Ärzte für die Verhütung des Atomkrieges, Ärzte in sozialer Verantwortung. Marschacht Dezember 2006, als PDF in: http://www.ippnw.de/common-Files/pdfs/Atomenergie/ElbmarschDokumentation2.8MB.pdf

Anmerkungen

1. Das Folgende aus: ML Mona Lisa – Leukämie auf dem Prüfstand, 15.4.2007
2. http://de.wikipedia.org/wiki/GKSS
3. Aus: http://www.gkss.de/institute/index.html.de Selbstdarstellung der GKSS
4. www.gkss.de/institute/materials_research/index.html.de
5. Nach: http://www.gkss.de/cgi-bin/fts_gksssearch.pl?HTML-NR=1&GROUP=de&SEARCH=Bundesrepublik&x=0&y=0&type=simpleg
6. http://de.wikipedia.org/wiki/GKSS
7. Nach: Die Elbmarschleukämien
8. Aus: ML Elbmarsch – Neuer Fall 15.10.06
9. AKW-Kinderkrebsstudie, Mona Lisa Sendung vom 16.12.2007. Im Auftrag vom Bundesamt für Strahlenschutz an 16 Standorten von 22 Kraftwerken in Deutschland durchgeführt, bestätigt die Studie den Zusammenhang. Gleichzeitig schließt jedoch die Leiterin der Studie Prof. Blettner in ihrer Interpretation radioaktive Strahlung als Ursache der Leukämieerkrankungen aus. Siehe S. 115 f.
10. Aus: ML Mona Lisa – Leukämie auf dem Prüfstand, 15.4.2007
11. M. Demuth: Leukämiemorbidität bei Kindern in der direkten Umgebung des Kernkraftwerkes Krümmel, Drage, 1991, zi-

tiert nach: http://elbmarsch.org/?page_id=6http://elbmarsch.org/?page_id=6

12 Originalton 1991
13 http://www.kernenergie.de/r2/de/Gut_zu_wissen/Lexikon/r/radon.php
14 Im Juli 2007 wird Thomauske nach einem erneuten Zwischenfall in Krümmel vom Betreiber Vattenfall gefeuert.
15 www.kernenergie.de/r2/de/Gut_zu_wissen/Lexikon
16 Diese spätere Behauptung der Aufsichtsbehörde, es habe sich also um überall vorhandene Relikte der früheren Atombombentests gehandelt, lässt sich leicht widerlegen. Siehe S. 93 f.
17 V. Boetticher, Dr. Heiner: Bericht über Autoradiographien von Baumscheiben aus Elbmarsch und Vergleichsregionen, an Dr. M. Csicsaky, Niedersächsisches Sozialministerium, 23.11.1993, zitiert in: Die Elbmarschleukämien. 2006
18 Nachzulesen bei: Dannheim, B.: Retrospektive Dosisermittlung bei Kindern. In Heinemann, G., Pfob, H. (Hrsg.): Strahlenbiologie und Strahlenschutz. 28. Jahrestagung des Fachverbands für Strahlenschutz, Hannover 23.-25. Okt. 1996, S. 172-176; Schmitz-Feuerhake, I., Dannheim, B., Heimers, A., Oberheitmann, B., Schröder, H., Ziggel, H.: Leukemia in the proximity of a German boiling water nuclear reactor: evidence of population exposure by chromosome studies and environmental radioactivity. Environmental Health Perspectives 105/Suppl.6 (1997) 1499-1504: zitiert in: Die Elbmarschleukämien. 2006
19 Sebastian Pflugbeil, in Publik Forum 2002/19
20 Es gibt verschiedene Hinweise auf einen Brand. Der Kreisfeuerwehrmeister bestätigte im Dezember 2001 ein Brandereignis. Auch ein Bericht der Firma ESN, die Kernkraftwerksfernüberwachung betreibt, notiert in der entsprechenden Woche eine „ungeplante Stationsverlegung nach Brand am ursprünglichen Aufstellungsort".

21 www.gkss.de/about_us/management/kaysser/index.php.de
22 Taz, http://www.taz.de/index.php?id=archivseite&dig=2004/11/02/a0115
23 Süddeutsche 1.11.2004. http://www.sueddeutsche.de/deutschland/artikel/177/42135/
24 Siehe: Niedersächsisches Ministerium für Soziales, Frauen, Familie und Gesundheit. www.mfas.niedersachsen.de/master/0,,C1662108_N8044_L20_DO_I674.html
25 „Erkenntnisse der schleswig-holsteinischen Fachkommission Leukämie im Zeitraum 1993-2004 zur Ursache der in der Nahumgebung der Geesthachter Atomanlagen aufgetretenen Leukämiehäufung bei Kindern" vom 15.9.2004. Abschlussbericht des Vors. Prof. Otmar Wassermann. In: http://www.oh-strahlen.org/docs/ableukkom.pdf
26 Ebd. S. 4
27 Arbeitsgemeinschaft Physikalische Analytik und Messtechnik, Prof. Dr. R. Brandt, Dipl.-Ing. H. W. Gabriel (Geschäftsführer), Dr. D. Schalch, Prof. Dr. Dr. hc A. Scharmann
28 Aus: Kurzfassung des gemeinsamen Abschlussberichts der Sprecher der niedersächsischen Kommission: http://cdl.niedersachsen.de/blob/images/C6555513_L20.pdf
29 Ebd. S. 18
30 Zitat aus: Die Elbmarschleukämien, S. 13
31 Kurzfassung des gemeinsamen Abschlussberichts der Sprecher der niedersächsischen Kommission: http://cdl.niedersachsen.de/blob/images/C6555513_L20.pdf, S. 18
32 E-Mail Alexander Gerdes vom 22.12.2004
33 E-Mail vom 22.12.2004 Alexander Gerdes an Mona Lisa
34 Manuskript der nicht gesendeten Sequenz. Der Film liegt als Beweismaterial bei ML Mona Lisa.
35 ML Mona Lisa – Leukämie auf dem Prüfstand 15.4.2007

36 Brief der Landesregierung Schleswig-Holstein, Gitta Trauernicht, als Reaktion auf die Mona Lisa-Dokumentation
37 Professor Pflugbeil bringt sie ihm persönlich nach Minsk. Pflugbeil in: www.strahlentelex.de
38 http://www.kernenergie.de/r2/de/Gut_zu_wissen/Lexikon/f/fallout.php?navanchor=1210056
39 Aus: Programmhinweise des ZDF für die Sendung „Und keiner weiß, warum"
40 Brief der Landesregierung Schleswig-Holstein, Gitta Trauernicht, als Reaktion auf die Mona Lisa-Dokumentation.
41 Das Protokoll ist als PDF-Datei zu laden auf: http://elbmarsch.org/?attachment_id=36
42 Nach: ML Mona Lisa – Leukämie auf dem Prüfstand vom 15.4.2007
43 Die wissenschaftliche und verständliche Darlegung der Ergebnisse von Mironov leistet Prof. Pflugbeil, Strahlentelex: www.strahlentelex.de, 3. Mai 2007
44 In: Prof. Pflugbeil, Strahlentelex: www.strahlentelex.de 3. Mai 2007
45 Die Akteneinsicht des Landtages bei der GKSS, um herauszufinden, ob die GKSS mit PAC-Material geforscht hat, bleibt ohne positives Ergebnis. Einer Einschränkung unterliegt jedoch diese Akteneinsicht: „Eine Aussage ist nur zu den Akten möglich, die sich im Archiv befanden. ... Aktivitäten, die im Rahmen militärischer Forschungsprogramme oder außerhalb des GKSS-Geländes mit eigenen Genehmigungen oder gar ohne Genehmigung durchgeführt worden sind, waren also nicht abgedeckt," ... „Die eingesehenen Akten für den genannten Zeitraum enthielten keine Anhaltspunkte für Aktivitäten der GKSS mit Brennelementen oder Kernbrennstoffen, die die im Bericht der ARGE PhAM vom Juni 2001 enthaltene Hypothese zu bei einem Unfall freigesetzten Kernbrennstoff-

kügelchen stützen könnte." Aus: Ergebnisse der Akteneinsicht der Grünen im Archiv der GKSS. 18.9.2007

46 Aus: ML Mona Lisa: Elbmarsch – Neuer Fall, 25.10.2006
47 Das Protokoll der Anhörung, 12. April 2007, S. 25. PDF-Datei bei: http://elbmarsch.org/?attachment_id=36
48 Vgl. das Protokoll der Anhörung, 12. April 2007, S. 23. PDF-Datei bei: http://elbmarsch.org/?attachment_id=36
49 Das Folgende aus: ML Mona Lisa – Störfälle AKW, 15.7.2007
50 Sebastian Pflugbeil in: Publik Forum 2002/19
51 Ebd.
52 Ebd.
53 ML Mona Lisa – Leukämie auf dem Prüfstand, 15.4.2007

Die schwarze Pädagogik der 70er-Jahre

Im Namen des Staates und der Kirche kamen noch bis Ende der 70er-Jahre in Deutschland jährlich rund 150.000 Kinder und Jugendliche in Fürsorgeheime und waren dort weggesperrt auf ungewisse Zeit, oft wegen Nichtigkeiten. Die Erziehungsmethoden waren Prügel mit dem Stock, Isolation in Dunkelzellen, Essensentzug, stundenlanges Stehen. Es gab keinen Kontakt zur Außenwelt, keine Liebe, keinen Trost. Sie wurden gedemütigt, misshandelt und sexuell missbraucht von denen, die ihnen helfen sollten. Die Autorinnen haben hier ein unfassbares Dokument der jüngeren deutschen Geschichte vorgelegt.

Barbara Dickmann, Sibylle Bassler (Hg.)
Gestohlene Kindheit
Wie Fürsorgeheime Kinder zerstört haben
120 Seiten, Broschur
ISBN 978-3-636-06402-8

Bestellung per
Tel: (++ 49) 0 81 91-9 70 00-258
Fax: (++ 49) 0 81 91-9 70 00-198
E-Mail: bestellung@mvg-verlag.de
www.mvg-verlag.de

mvg Verlag
...Lust auf Leben!
www.mvg-verlag.de